ALMENO DE SÁ
Assistente da Faculdade de Direito de Coimbra

ADMINISTRAÇÃO DO ESTADO, ADMINISTRAÇÃO LOCAL E PRINCÍPIO DA IGUALDADE NO ÂMBITO DO ESTATUTO DE FUNCIONÁRIO

COIMBRA
1985

Separata do número especial do
Boletim da Faculdade de Direito de
Coimbra — «Estudos em Homenagem ao Prof. Doutor António
de Arruda Ferrer Correia» — 1985

ADMINISTRAÇÃO DO ESTADO, ADMINISTRAÇÃO LOCAL E PRINCÍPIO DA IGUALDADE NO ÂMBITO DO ESTATUTO DE FUNCIONÁRIO

> SUMÁRIO: I. *Introdução.* — II. *Administração do Estado e Administração local*: — 1. A Administração Pública em sentido organizatório. — 2. Administração do Estado-administração autárquica: sentido da contraposição. — 3. A Administração Pública no quadro constitucional. — 4. Estrutura organizatória da Administração e conceitos operatórios no domínio do direito da função pública. — III. *A identidade lógico-legal da carreira técnica superior na administração do Estado e na administração local*: — 1. Articulação das normas relativas à administração central com as normas específicas da administração local. — 2. Identidade no plano estrutural. — 3. Identidade no plano funcional. — IV. *O problema à face da Constituição*: — § 1.º — O «dado» constitucional de um princípio de equiparação. — 1. A alteração do art. 244.º, introduzida pela revisão constitucional. — 2. O conceito de «funcionário público» nos trabalhos da Comissão Eventual de Revisão Constitucional. — 3. Princípio da equiparação e coerência valorativa do sistema. — § 2.º — Princípio da igualdade. — 1. Critério material da igualdade. — 2. Princípio da igualdade e interpretação da lei. — V. *O problema no quadro da regulamentação da permuta.* — VI. *Conclusão.*

I. Introdução

Tem o presente texto uma origem pontual. Devolvido pelo Tribunal de Contas o processo a que de seguida se fará referência, por se ter considerado não estarem preenchidos os requisitos necessários ao provimento em questão, houve necessidade de fundamentar, de modo mais cabal, a proposta de provimento. São justamente as considerações então desenvolvidas que estão na base deste trabalho. Importa, porém, salientar que a redacção ora apresentada representa uma reelaboração e um desenvolvimento alargado dessas considerações, constituindo, deste modo, como que um outro texto, autonomizado do primeiro. Pelas questões levantadas, designadamente no que respeita ao princípio da igualdade e à necessidade de uma leitura do problema à luz do texto constitucional revisto, julgou-se que haveria talvez algum interesse em trazer a público os pontos fundamentais então abordados, enquadrados agora numa perspectiva mais ampla. Perspectiva esta, a de agora, de tal modo livremente alargada — importa salientá-lo — que do caso concreto bem se poderá dizer, com justiça, que nada mais é, aqui, que puro pretexto. Com o que se justificará a advertência de que o texto já não é o *texto do caso*, mas a *deriva* que a sua circunstância abre ou convoca.

De qualquer modo, não pode ignorar-se que existia, de facto, na origem, uma *decisão* de um tribunal— ainda que um tribunal com características específicas, como é o caso do Tribunal de Contas. O que tem a sua importância, de uma dupla perspectiva: de um lado, para tornar claro que, por força de uma decisão judicial, estavam efectivamente em jogo direitos de particulares, a justificar algum esforço teórico de construção e fundamentação; de outro, para salientar que, apesar da «liberdade» tomada, não deixou o caso, a cada momento, de se impor, não só insinuando, para o texto, uma linha de rumo (que, noutras circunstâncias, bem poderia ser diferente), como acabando por lhe moldar o rosto final.

Numa tentativa extrema de simplificação, em ordem ao propósito que aqui primordialmente nos move, e depurando-o de diversos elementos que, na circunstância, o acompanhavam, poder-se-á descrever o caso da seguinte maneira. Determinado funcionário, após dois anos de serviço num município, como técnico superior de segunda, ingressa, por concurso, no quadro de um organismo integrado na administração do Estado. Posteriormente, tendo já decorrido mais de três anos de exercício efectivo de funções na referida categoria [1], é enviado ao Tribunal de Contas, com vista à promoção do funcionário à categoria imediata, o respectivo diploma de provimento. É este, porém, devolvido, por o funcionário alegadamente não possuir o tempo exigido para a promoção em causa, «uma vez que — acrescentava-se — é jurisprudência constante deste Tribunal que, para esse efeito, não lhe pode ser contado o tempo de serviço prestado na Câmara Municipal de Lisboa».

Impunha-se assim indagar do bem fundado da decisão, tanto mais que nenhuma norma era, para o efeito, invocada, escudando-se o Tribunal, de modo exclusivo, na uniformidade ou constância da sua própria orientação. Foi o que se fez. Enviado de novo o processo ao Tribunal, acompanhado do resultado daquela indagação, veio este a decidir, agora em sessão plenária, em sentido favorável à pretensão do funcionário.

Situa-se a questão na confluência de uma problemática mais vasta e complexa: a da articulação do estatuto dos servidores da administração do Estado e da administração autárquica. Não é nosso propósito, todavia — nem tal se mostra necessário para os concretos fins tidos em vista —, um tratamento exaustivo de todo esse amplo domínio, mas, dentro dele, tão-só uma análise do particular quadrante em que o caso *sub judice* se inscreve. Trata-se de determinar qual o critério legal do «tempo de serviço», no quadro complexo de um exercício de funções repartido por diferentes estruturas organizatórias. Na verdade, no caso em aná-

---

[1] Adiante se explicitarão os conceitos de categoria e carreira, no âmbito da função pública.

lise, o exercício de funções veio a plasmar-se, temporalmente, no seio de duas estruturas orgânicas diversas. Estruturas, aliás, que não só não se articulam hierarquicamente, como mantêm entre si uma relação que se pretende de autonomia [2]. Coloca-se aqui, deste modo, uma questão de «permeabilidade» de estatutos entre corpos organicamente distintos. Não uma permeabilidade genérica, em termos de pura transposição de um para outro corpo de uma global situação jurídica, mas, antes, a permeabilidade de um específico elemento da situação: o factor «tempo». Em termos concretos, o que se procura saber é se o tempo de serviço prestado numa das estruturas orgânicas vale juridicamente como tal no contexto da outra, o mesmo é dizer, se o vector tempo se inscreve definitivamente no estatuto de «funcionário», independentemente da respectiva estrutura de concreção. O que tem como pressuposto que o servidor haja efectivamente transitado, de modo válido, de uma para outra administração — o que de facto sucedeu, no caso presente, e através de concurso —, e sem que tenha interesse curar agora da determinação dos possíveis modos de legalmente concretizar tal transição.

Acresce ainda que o problema se inscreve numa lógica de fundamental contraposição entre *administração do Estado* e *administração autárquica* [3], o que implica, como tarefa prévia, já a clarificação dos diversos rostos da Administração Pública, assim lateralmente convocados para o discurso, já a explicitação do sentido daquela contraposição. O ponto complica-se, de resto, não só porque se oferecem diferentes visualizações da estrutura organizatória da Administração — elas próprias fruto, por sua vez, ao menos em parte, de diferentes modos de materialmente

---

[2] Ver-se-á, no ponto II, qual o sentido desta «autonomia».

[3] Mais rigorosamente, dir-se-á que a contraposição se estabelece entre dois estatutos, e não entre duas estruturas organizatórias. A questão de fundo é, porém, a mesma.

a conceber ou de lhe determinar o sentido [4] —, como também porque, no campo particular da função pública, se opera com conceitos ou compartimentações que resultam estranhos para uma comum perspectiva de direito administrativo. Se a isto acrescentarmos que a própria Constituição julgou necessário nomear formas ou tipos diversos de administração, compreenderemos melhor a necessidade de clarificação de conceitos e de articulação de perspectivas.

II. Administração do Estado e Administração local

1. *A Administração Pública em sentido organizatório*

De um ponto de vista orgânico — que é aquele que primordialmente importa na economia do presente trabalho —, encontramos, em primeiro plano, nessa máquina complexa que é hoje a Administração Pública, o aparelho administrativo estadual, constituído por um conjunto de órgãos e serviços articulados numa estrutura vertical, a partir do Governo, obedecendo ao princípio da subordinação hierárquica. A um mesmo nível, isto é, a um nível que podemos qualificar ainda como «estadual», deparamos, na administração dos nossos dias, com um certo número de entes especiais, distraídos, por razões de eficácia e funcionalidade, da organização administrativa do Estado, e aos quais é cometido o encargo de realizar determinada ou determinadas tarefas. Estamos a referir-nos àquelas pessoas colectivas de direito público que são entre nós conhecidas, genericamente,

---

[4] Enquanto estrutura de acção adequada a uma função (a função administrativa), a organização da Administração Pública vai depender, desde logo, do modo como se pensa essa função e, em última análise, das representações dos seus fins.

por «institutos públicos», e que podem, aliás, apresentar-se sob modalidades diversas.

Para designar todo este complexo, formalmente não homogéneo, mas unificado pela sua funcionalização à prossecução, de forma directa ou indirecta, de interesses públicos gerais, poderemos falar de *administração do Estado* ou *administração estadual*. O que necessita de alguns esclarecimentos mais.

O étimo comum que, a nosso ver, permite falar aqui, em termos orgânicos, de uma «unidade» situa-se, por um lado, ao nível do *tipo* de interesses públicos que estão em jogo, ou, se quisermos, ao nível da concreta *projecção-objectivação* da função administrativa, e, por outro, ao nível da *desimplicação substancial* da técnica organizatória utilizada. Estes dois aspectos encontram-se, porém, reciprocamente imbricados, apenas se separando aqui por meras razões de análise, devendo mesmo salientar-se que o segundo só ganha sentido no campo semântico do primeiro.

Relativamente ao «tipo» de interesses em jogo, verifica-se que à estrutura de acção constituída não apenas pelo Governo e pelo conjunto de órgãos e serviços dele hierarquicamente dependentes como pelos «institutos públicos» é cometida a tarefa de realizar *interesses gerais da comunidade nacional*. Ou seja, trata-se de uma estrutura voltada para a «área» da função administrativa que se projecta na realização de interesses públicos *gerais*, e não de interesses públicos *próprios de determinadas comunidades*, territorial ou idealmente circunscritas.

Quanto ao segundo ponto, sublinhe-se que a heterogeneidade aí verificada é uma heterogeneidade tão-só aparente, ou, se quisermos, que apenas subsiste num plano meramente formal. Vejamos.

Não deixa de ser exacto que, *vistas as coisas de um ponto de vista estritamente técnico*, o que está aqui em jogo é, em primeiro plano, a pessoa colectiva «Estado», constituída pelo Governo e pelos respectivos órgãos subalternos, colocados na sua directa dependência hierárquica. Só depois é que surgem, mas em separação cortante com aquela, as pessoas colectivas a que damos o nome de «institutos públicos». Sucede, porém, que a personalização destes últimos se constitui exclusivamente como um puro expediente técnico-organizatório, de que o Estado lança mão tão-só porque entende ser esse o caminho mais fácil ou mais ágil para realizar determinados interesses públicos que considera ser sua normal função prosseguir, por isso que se inserem no tipo de intereses que dizem directamente respeito a toda a comunidade.

Aaquela personalização significa assim que, em rigor, nos encontramos ainda na *área de influência* da pessoa pública Estado: formalmente, temos duas pessoas jurídicas, o «instituto público» e a pessoa colectiva Estado, mas, *em termos substanciais*, o que se passa é que a primeira é sempre um mero desdobramento da segunda — ela é criada para prosseguir fins que o Estado justamente quer que sejam prosseguidos e que o seu directo e hierarquizado aparelho teria, por si só, de realizar, se não fosse esse expediente técnico [5].

---

[5] Não se esqueça, de resto, e indo mais fundo, que a personalidade colectiva é, de raiz, um artifício. Só temos personalidade jurídica com a personalidade humana: aquela pressupõe esta. Como salienta ORLANDO DE CARVALHO (*Teoria geral da relação jurídica. Bibliografia e sumário desenvolvido*, Coimbra, polic., 1970, p. 17), a personalidade jurídica não é mais que a «projecção no Direito (no mundo do normativo jurídico) da personalidade humana». Esta *essencialidade* da personalidade jurídica, a pressupor sempre a personalidade humana, torna clara a natureza meramente instrumental ou analógica de todas as outras «personalidades jurídicas» (p. 18).

Ora, a consideração do carácter intrinsecamente de «artefacto» da personalidade colectiva não deixará de fazer sobressair o lado *formal* de um juízo que parta exclusivamente da separação técnico-jurídica de dois entes colectivos: Estado e institutos públicos. É por isso que os «termos substanciais» de que se fala no texto representam, já em si, uma *substancialidade de segundo grau*, ou, se quisermos, uma substancialidade assente numa «forma» que se hipostasiou como «substância». O que torna mais nítido que aquilo que

Deste modo, em homenagem simultânea ao momento técnico-formal e à substancialidade das coisas, aceitar-se-á que se fale, hoje, a propósito dos institutos públicos, em administração *indirecta* do Estado. O referente de globalização do espaço organizatório continua aí implícito: administração *do Estado* [6].

Ao lado da administração estadual assim definida, surgem-nos entes autónomos de base territorial — *as autarquias locais* —, que se ocupam da prossecução de interesses colectivos próprios das comunidades inseridas no seu limitado âmbito geográfico. Assen-

---

verdadeiramente está em jogo, nesta unidade orgânica, é o plano da particular projecção-objectivação da função administrativa, sendo que o plano da técnica organizatória não pode daquele separar-se, sob pena de perder a sua parte de consistência no referente comum que «explica» a unidade. O que tudo contribui, se mais fosse necessário, para vincar a inadequação da impostação do Estado *como pessoa jurídica* para lograrmos o sentido da estrutura engendrada por uma qualquer administração. Sem que com isto se pretenda negar, num quadro que já nada tem a ver com o extremo formalismo redutor a que o triunfo do positivismo havia conduzido a reflexão publicística, o relevo operatório de um tal conceito no campo da dogmática jus-administrativista. Nem tão-pouco esquecer a importância que historicamente desempenhou na superação dos quadros representativos do absolutismo; com efeito, a recepção generalizada, no segundo terço do séc. XIX, da ideia de Estado como pessoa jurídica representou, como salienta FORSTHOFF (*Der Staat der Industriegesellschaft*, 2.ª ed., München, 1971, p. 13), o mais relevante ataque intelectual contra aquela forma constitucional. O monarca, com cuja pessoa se identificava o Estado, transforma-se em *puro órgão* deste. Representado agora o Estado como pessoa jurídica, os poderes do monarca passam a ser «poderes de órgão», definidos e limitados pela constituição.

[6] Ainda que o Estado personalize determinados serviços para a prossecução desta ou daquela tarefa, subsiste sempre, nesse espaço organizatório, uma *unidade de direcção*. Os institutos públicos são instituídos ou aceites para aliviar o Estado do desempenho de certas tarefas públicas, mas permanecem ligados a ele. E, mesmo quando o instituto encontra historicamente a sua raiz num substrato que se formou e desenvolveu no universo de uma estrutura política anterior ao surgimento do quadro Estado (como é o caso das universidades de origem medieval), a sua actual natureza de ente público não deixa de traduzir uma directa ligação ao Estado: para evitar ficar sobrecarregado, de modo imediato, com as tarefas que o organismo vinha desempenhando, o Estado como que se apropria dessa estrutura, transformando-a em serviço público personalizado.

tes numa base histórica anterior ao surgimento do quadro Estado, tendem estas figuras públicas a inscrever-se, ainda hoje, à semelhança da antiga administração municipal, numa lógica de organização e de defesa de interesses colectivos que se pretende independente e autónoma face ao Estado. Por isso se fala, a seu propósito, de *autonomia* ou de *administração autónoma.*

As autarquias locais constituem-se hoje, juridicamente, como pessoas colectivas de população e território, visando fins múltiplos [7], sendo o respectivo substrato pessoal formado pelo agregado de pessoas que habitam determinada circunscrição do território nacional. Corporizam uma ideia de *descentralização* da administração pública — uma descentralização de tipo territorial, que reivindica fundar-se, não em meras razões de eficácia ou funcionalidade, mas em um *princípio de autonomia:* distintos dos interesses colectivos gerais, devem os interesses colectivos locais ser prosseguidos — defende-se — através de uma vontade própria, de uma vontade que possa qualificar-se como *autónoma,* isto é, uma vontade com *poder de autodeterminação.* Pretende-se deste modo dar sequência, no quadro político dos nossos dias, à tradicional administração autónoma de base geográfica, que se foi mantendo, com maior ou menor compressão, na orgânica administrativa do Estado moderno [8].

---

[7] Diversamente do que sucede com os instituto públicos, que visam a prossecução de *fins especiais.* As pessoas públicas de tipo territorial, como o Estado e as autarquias locais, são pessoas colectivas *plurifuncionais* ou *de fim múltiplo.*

[8] Volveu-se hoje, aliás, a autonomia local em mote privilegiado do discurso político (e político-jurídico) — com um registo, porém, acentue-se, que não poucas vezes o inscreve de todo na pura instância mítica. Num outro tom, salienta A. BARBERA (*Commentario della Costituzione,* a cura di G. Branca vol. I, *Principi fondamentali,* Bologna/Roma, 1975, p. 111) a relevância crescente das comunidades territoriais, quer como momento de polarização dos interesses dos cidadãos — os seus interesses concretos, filtrados numa perspectiva *política* —, quer como instrumento de transmissão de exigência política; cfr. também CH. DEBBASCH, *Administration et pouvoir politique. Sur un couple uni,* in Mélanges offerts à G. Burdeau, Le pouvoir, Paris, 1977, pp. 157 ss..

Na ideia de uma *administração autónoma* podemos ainda inserir, actualmente, o conjunto daqueles entes públicos que se propõem assegurar a prossecução de interesses colectivos surgidos no seio de determinados grupos ou categorias ideais de pessoas (entes corporativos ou associações públicas). Movidos por uma comunhão de objectivos, aspirações ou interesses, particularmente nos campos profissional e económico, visam estes grupos ideais institucionalizar a defesa do que congrega os seus membros ou elementos. Partindo dessa comunhão de interesses, e articulando-os com o interesse público geral, vai o Estado permitir que eles desempenhem tarefas públicas. De qualquer modo, reconhecidos, a partir da sua força «natural», como sujeitos da administração pública, parece poder dizer-se que não deixam os entes corporativos de se constituírem como figuras públicas *autónomas*, por isso que são, de raiz, portadores de um interesse próprio (o interesse geral da comunidade ideal), enunciado por uma vontade própria (a vontade dessa comunidade). É o caso das ordens profissionais, bem como de certas câmaras, igualmente de tipo profissional, como a dos solicitadores ou a dos despachantes oficiais.

Estes entes públicos de tipo associativo representam também, tal como as autarquias, uma forma de *descentralização* da administração pública. De um ponto de vista histórico, aliás, a autonomização dos grupos («corporações»), a partir dos fins do séc. XIX, pretendendo dar corpo à ideia de uma «administração» separada do Estado, vai de algum modo pensada sobre o modelo da descentralização territorial [9].

---

[9] Este movimento de autonomização deu origem a um «corporativismo de associação» ou corporativismo livre. Porém, em certos sistemas político--económicos, de matriz totalitária, veio mais tarde a servir de molde a um «corporativismo de Estado», em que as estruturas corporativas acabam por polarizar o próprio aparelho estatal. Cfr., *infra*, pp. 35 ss..

É englobando estes dois sujeitos da administração (entes públicos territoriais e entes públicos corporativos), os quais têm de comum a sua autonomia face ao Estado, no sentido de que são portadores de um interesse próprio — o interesse colectivo da respectiva comunidade, territorial ou ideal —, distinto do interesse geral do Estado, definido e prosseguido por uma vontade que se autodetermina, que poderemos falar de uma *administração autónoma*, assim contraposta àquela que acima se designou como *administração do Estado* [10].

Este corte, que nos expõe uma máquina administrativa basicamente dividida em dois blocos, não é, todavia, suficiente para transmitir, com fidelidade, a globalidade do respectivo desenho. Para além disso, tratando-se de um corte sincrónico, primordialmente preocupado em retratar a organização administrativa dos nossos dias, deixa na sombra determinados aspectos, relevantes para o nosso propósito, que só se tornam inteligíveis num quadro de leitura de tipo evolutivo.

A «administração estadual» que acima se referiu era inicialmente composta tão-só pelo estrito aparelho administrativo estadual, na forma de um sistema ordenado e apertadamente hierarquizado de serviços. E, se a seu lado se foi mantendo, como dissemos, a tradicional administração autónoma de base geográfica, só a partir dos fins do séc. XIX, com a acentuação da dimensão pública dos interesses, o crescente intervencionismo estatal e, de modo particular, a necessidade de dar resposta aos

---

[10] Já não interessa, para o nosso propósito, o *exercício privado de funções públicas*, na medida em que não temos aí «órgãos públicos». Trata-se de situações — que, em linha de princípio, se devem considerar excepcionais — em que a prossecução de certos interesses públicos é confiada a particulares. Importa, todavia, advertir que, na prática, as fronteiras não são assim tão nítidas, frequentemente surgindo situações de uma extrema fluidez, a colocar enormes dificuldades de enquadramento e de aplicação prática.

problemas colocados pela experiência das duas guerras [11], é que a situação começa a alterar-se. Surgem novas figuras públicas e, com elas, alguma perturbação no modo de arrumar a administração, ao mesmo tempo que se opera uma mudança de perspectiva, por isso que, tornando-se agora impossível identificá-la com a máquina estadual, vem a administração a revelar-se como uma actividade de prossecução de interesses gerais, levada a cabo por uma pluralidade de centros.

Melhor se compreenderá aquela perturbação, se tivermos em conta a novidade que estas novas figuras e este novo espírito representam relativamente a uma administração como a do séc. xix, toda ela inscrita numa lógica de fundamental *separação* entre Estado e sociedade. É nos fins do século que surgem no seio da colectividade grupos de tipo económico, cultural ou moral («corporações») que aspiram a uma parcela de poder e aos quais o Estado vai atribuir uma multiplicidade de funções. O que, aliás, se inscreve, historicamente, no complexo processo de transformação social da estrutura da *publicidade (Öffentlichkeit)* [12].

---

[11] Salientando especificamente a influência do condicionalsimo emergente da última grande guerra na modificação da estrutura e do sentido da Administração, v. R. EHRHARDT SOARES, *Administração Pública, Direito Administrativo e Sujeito Privado*, sep. do «Boletim da Faculdade de Direito», vol. XXXVII, 1962, pp. 15-18 e pp. 21-24. Veja-se também, do mesmo Professor, *Direito Administrativo*, Coimbra, polic., 1978, p. 36, onde se fala da «sonolenta passividade que caracterizava (...) o modo de ser (da Administração) até à primeira guerra mundial». R. GRIEPENBURG (in W. ABENDROTH/K. LENK, *Introducción a la ciencia política*, trad. esp., 1971, p. 220) põe em evidência a intervenção da Administração Pública na quase totalidade das esferas da sociedade, durante e após a primeira grande guerra. Que esta intervenção, potenciada embora num contexto de economia de guerra, não representava um mero fenómeno pontual, provocado pelas circunstâncias bélicas, mas reflectia, antes, a alteração estrutural da relação entre Estado e economia, tornando claro *o fim da época da autonomia do económico*, é posto em relevo por FORSTHOFF (*Der Staat der Industriegesellschaft*, cit., p. 18).

[12] Cfr. J. HABERMAS, *Strukturwandel der Öffentlichkeit. Untersuchungen zu einer Kategorie der bürgerlichen Gesellschaft*, 2.ª ed., Neuwied a. Rhein, 1965, pp. 157 ss.. Como esfera em que as pessoas privadas se reunem na qualidade

A sociedade, que vinha sendo representada como a totalização homogénea do tecido social, como um conjunto de pessoas livres e iguais, deixa definitivamente de se constituir, assim perspectivada, como o *público* do Estado. A partir desses dois pólos, e na dinâmica de um recíproco processo de «estadualização» da sociedade e de «socialização» do Estado, surge uma nova esfera social, que vem perturbar a tranquilidade da distinção entre «público» e «privado». Os grupos passam a desempenhar as tarefas de mediação que antes pertenciam ao público de pessoas privadas politicamente pensantes. Uma «mediação», porém — acentue-se —, que não assume já o mesmo sentido, pois se inscreve agora num contexto totalmente outro, em que não colhe mais o quadro do pensamento burguês de uma sociedade homogenei-

---

de público, a *publicidade* da época burguesa, desenvolvendo-se no campo das tensões entre Estado e sociedade, não deixa de continuar fazendo parte do âmbito privado. Porém, o Estado do último quartel do séc. xix, com a formação de uma publicidade politicamente activa, está já penetrado pelos interesses da «sociedade burguesa». Deste modo, as intervenções do poder político no mundo das pessoas privadas traduzem, neste momento, impulsos que procedem, indirectamente, da esfera destas. A médio prazo, o intervencionismo estatal na esfera social vem também a coincidir com a transmissão de competências para corporações privadas. Por outro lado, com o alargamento da autoridade pública a âmbitos privados está igualmente ligado o inverso processo de substituição do poder estatal pelo social. É esta dialéctica de uma progressiva «estadualização da sociedade», acentua HABERMAS, paralela a uma «socialização do Estado», que gradualmente começa a destruir a base da publicidade burguesa: *a separação entre Estado e sociedade* (*ob. cit.*, p. 158; cfr. também pp. 251-252). O que, se virmos bem, estava já ínsito no próprio *princípio da publicidade*, na sua forma liberal. Com efeito, como põe em relevo EHRHARDT SOARES (*Direito público e sociedade técnica*, Coimbra, 1966, p. 50), «o problema que se põe à organização política do mundo burguês é o de reivindicar uma sociedade autónoma, isto é, separada do controlo do Estado, mas, ao mesmo tempo, sem se comprometer, ir gradualmente conseguindo que o Estado se proponha garantir essa autonomia e, por isso, venha mais tarde ou mais cedo a surgir como um mandatário dessa mesma sociedade». Ora, «à medida em que a burguesia se vai afirmando como classe dominante», o princípio da publicidade vai ser justamente «o veículo por que se chega ao domínio da coisa pública». Cfr. também ULRICH K. PREUß, *Zum staatsrechtlichen Begriff des Öffentlichen*, Stuttgart, 1969, pp. 122 ss..

zada e despoliticizada, frente a um Estado pensado como mera organização de poder ou aparelho de comando: a sociedade transforma-se numa teia de interesses cruzados e divergentes, *politiza-se* nas suas próprias tensões; o Estado, cada vez mais solicitado a intervir, toma-se já como *elemento da sociedade*.

A mudança de rosto e de função da administração tem assim a ver, por um lado, com a superação do dualismo Estado-sociedade, o qual, se representou um esquema de pensamento ajustado a uma dada situação histórica, se mostra, porém, de todo inadequado no contexto do moderno Estado plural [13]; e, por outro, de modo articulado [14], com os propósitos intervencionistas que ao longo do nosso século se vão gradualmente apoderando da administração e lhe vão insuflando um decidido *pathos* eudemonista. A sociedade é agora, não um dado condicionante da administração, mas o primeiro dos problemas que esta tem de resolver. O Estado questiona a justiça do tecido social, acredita que nele pode instituir a felicidade, procura moldá-lo de acordo com a sua própria ideia de justiça. Está aberto o caminho para a *administração constitutiva* ou *conformadora* dos nossos dias [15], com uma lógica de todo diversa da lógica tradicional. O fim da actuação administrativa é hoje, e em primeiro lugar, um fim de tipo social. Tranformar a própria sociedade segundo

---

[13] De resto, aquele dualismo, enquanto modelo teórico, não conseguia já dominar integralmente a realidade política liberal, «a menos que — salienta EHRHARDT SOARES — lhe fizesse abundantes simplificações (*ob. ult. cit.*, p. 135). A mesma nota é posta em relevo por ZIPPELIUS, *Teoria Geral do Estado*, 3.ª ed., trad. port., 1974, pp. 159-160.

[14] Cfr., *supra*, nota (12).

[15] Sobre ela, no contexto da realização, no Estado da nossa época, da intenção de garantia do particular contra o arbítrio do administrador (contexto em que surge como um dos pontos fundamentais a necessidade de revisão do princípio da legalidade), v. R. EHRHARDT SOARES, *Princípio da legalidade e administração constitutiva*, «Boletim da Faculdade de Direito», vol. LVII, 1981, pp. 169 ss., espec. pp. 175 ss.; cfr. também *Interesse público, legalidade e mérito*, Coimbra, 1955, pp. 83 ss..

uma ideia de justiça social, eis o que se vem propondo o Estado-
-administrador do nosso tempo.

Tudo isto vai implicar uma pletorização do Estado, com
a incessante criação de novos serviços, capazes de lhe possibilitar
a intervenção nos mais variados sectores da vida social, e o
empolamento ou transformação de muitos dos já existentes.
É neste contexto que se vê o Estado recorrer a novos processos
ou técnicas que lhe permitam desincumbir-se, de forma satisfa-
tória, da multiplicidade de tarefas que a si próprio se foi
impondo.

Nos dias de hoje, por razões de eficácia e funcionalidade,
designadamente em ordem a descongestionar os órgãos e serviços
centrais, a aproximar os serviços dos cidadãos, a racionalizar os
processos de decisão e a permitir uma gestão mais ágil de certos
interesses colectivos, socorre-se o Estado, fundamentalmente,
de dois métodos ou processos técnicos [16].

Temos, por um lado, como já se referiu, a criação de pessoas
colectivas de direito público («institutos públicos»), às quais o
Estado entrega a gestão de certo interesse ou feixe de interesses,
cuja prossecução deveria caber, em princípio, directamente à
pessoa colectiva Estado. Fala-se, a este propósito, de «devolução
de poderes», por isso que o Estado *devolve* para um distinto ente
personalizado poderes que directa e imediatamente lhe pertencem. Tudo se passa como se da organização administrativa
estadual fossem destacados certos e determinados «serviços», aos
quais, por razões de eficiência [17], é atribuída personalidade

---

[16] Sobre estes processos, e de uma forma genérica, cfr., por todos,
MARCELLO CAETANO, *Manual de Direito Administrativo*, vol. I, 10.ª ed., 2.ª
reimp., Coimbra, 1982, pp. 187 ss., 248 ss., 252 ss. e 290 ss..

[17] Por vezes, a personalização não se liga a uma estrita razão de eficácia
ou funcionalidade, tratando-se, antes, de assegurar à generosidade das pessoas
que os bens doados ou legados ficarão efectivamente separados do Estado,
assim se garantindo a sua exclusiva afectação ao escopo tido em vista pelo parti-

jurídica. Estamos, ainda aqui, como se assinalou, no campo da administração estadual [18] [19].

Por outro lado, resolve o Estado por vezes atribuir competência para decidir certos problemas da administração estadual a órgãos locais ou periféricos, inseridos nas várias circunscrições administrativas em que se apresenta divido o território nacional (*desconcentração de poderes*). Não se trata agora de criar entes distintos do Estado, mas tão-só de descongestionar os serviços centrais, deslocando competências para órgãos periféricos, no interior da mesma pessoa colectiva, com observância do princípio da subordinação hierárquica [20]. Desta desconcentração de pode-

---

cular. Isto tem a ver, de modo especial, com a situação de serviços voltados para a realização de fins assistenciais ou culturais (cfr. AFONSO QUEIRÓ, *A descentralização administrativa «sub specie iuris»*, Coimbra, 1974, p. 18).

[18] AFONSO QUEIRÓ (*Lições de Direito Administrativo*, Coimbra, 1976, polic., p. 104, nota 1) situa os serviços autónomos e o fenómeno da chamada «descentralização institucional ou funcional» (cfr., a seguir, em texto) numa zona de fronteira entre uma administração *directa* do Estado, levada a cabo pelos respectivos órgãos administrativos, e uma administração *indirecta*, efectivada pelos órgãos administrativos das comunidades terrioriais ou corporativas. Cfr., porém, *supra*, pp. 8 ss..

[19] Nada impede que outras pessoas colectivas territoriais de fim múltiplo, como as autarquias locais, venham a criar entes personalizados para o exercício de determinada ou determinadas atribuições. Trata-se, ainda aí, de atingir o mesmo escopo que persegue o Estado: evitar a sobrecarga de tarefas que naturalmente recaem sobre uma pessoa colectiva de tipo plurifuncional. O processo de «devolução de poderes» é agora utilizado para a prossecução de interesses públicos locais.

[20] A mera existência de órgãos e serviços locais não chega para se falar de «administração desconcentrada», se essa aparelhagem administrativa se destina tão-só a informar os processos e a encaminhar as questões para a administração central, vindo a decisão a ser tomada pelos órgãos centrais, situados no topo da pirâmide hierárquica: os departamentos ou autoridades locais concorrem apenas, neste caso, para preparar as decisões dos órgãos de cúpula (cfr. AFONSO QUEIRÓ, *Desconcentração*, in «Dicionário Jurídico da Administração Pública», vol. III, Coimbra, pp. 577 ss.). Refira-se, por outro lado, que a desconcentração focada no texto é uma desconcentração *vertical*, sendo certo que também é possível falar de uma desconcentração *horizontal*, que é aquela que se verifica no próprio escalão da administração central, repartindo-se a função

res, efectuada pelos órgãos estaduais, vem a surgir a *administração local do Estado*[21], constituída pelo conjunto de órgãos e serviços locais que, dentro das hierarquias do Estado, ficam investidos de uma competência própria[22].

2. *Administração do Estado-administração autárquica: sentido da contraposição*

Decorre do que vem de dizer-se que se engloba no conceito de «administração do Estado» tanto o aparelho estadual centralizado, como o conjunto dos institutos públicos. Por seu turno, a administração local estadual não deixa de fazer parte daquele aparelho, pois o que nela está em causa é uma simples desconcentração de poderes, no âmbito de um mesmo centro de imputação que é o órgão complexo «governo». A qualificação — «centralizado» — apela aqui para uma ideia de hierarquização, para um fluxo interior polarizado, que não para a exterioridade de um puro critério geográfico.

---

administrativa, a nível governamental, por vários órgãos e serviços, designadamente pelos vários departamentos ministeriais, secretarias de Estado, direcções-gerais e inspecções-gerais de cada ministério. Sobre a formação do termo «desconcentração» e sua articulação com o conceito de descentralização, v. G. SAUTEL, *Vocabulaire et exercice du pouvoir administratif: aux origines du terme «déconcentration»*, in Mélanges offerts à G. Burdeau, *cit.*, pp. 981 ss..

[21] Tal como sucede com a «descentralização por serviços», nada impede que as autarquias locais venham a utilizar o processo da «desconcentração de poderes».

[22] Em termos não coincidentes, veja-se D. FREITAS DO AMARAL (*Direito Administrativo*, lições copiogr., Lisboa, 1983, pp. 491 ss.), que, na esteira de certa orientação da doutrina espanhola (ENTRENA CUESTA, GARCIA DE ENTERRIA), eleva a conceito-base a designada «administração periférica», na qual inclui o conjunto de órgãos e serviços do Estado, de institutos públicos ou de associações públicas que dispõem de competência limitada a uma área territorial restrita. A administração local do Estado constitui aí uma das várias espécies de «administração periférica».

É, porém, sobre os institutos públicos que importa clarificar ainda alguns pontos, para além do que já se disse, na tentativa de lograr uma melhor compreensão do tipo de relação que se estabelece entre a administração estadual e a administração autárquica, bem como um aprofundamento do sentido que vai implícito na inserção das autarquias naquela área da administração que se qualificou como *autónoma* e da qual se afirmou corporizar uma ideia de *descentralização*.

Comece por salientar-se que também a «devolução de poderes» é correntemente designada por descentralização, uma «descentralização por serviços», também dita técnica, funcional ou institucional. Igualmente se liga aquela devolução, e a consequente criação de serviços personalizados, ao conceito de autonomia ou de administração autónoma. Fala-se mesmo, a propósito dos institutos públicos, em *autarquias institucionais*. Importa, porém, clarificar as coisas. Trata-se de conceitos diferentes, como diferentes são os «objectos» que pretendem qualificar.

Do que se trata, na descentralização por serviços, é de um mero expediente técnico-organizatório, utilizado pelo Estado para um mais ágil e eficaz desempenho de certas tarefas estaduais. A falar-se aí de descentralização, ela será sempre uma descentralização tão-só *analógica* ou *em sentido impróprio*. Dizer dos institutos públicos que eles integram uma administração *autónoma* ou *descentralizada* é susceptível de gerar um certo número de equívocos, pois parece estar a sediar-se num mesmo universo realidades que pertencem, de facto, a esferas categoriais heterogéneas. Se, a propósito das corporações e das autarquias locais, se torna legítimo falar, no campo da organização administrativa, de um todo *homogéneo*, no sentido de que as respectivas partes componentes (corporações e autarquias) apresentam as mesmas propriedades ou uma identidade de natureza, já o mesmo não se poderá dizer dos institutos públicos, por isso que nestes se descobrem diferenças não só de *estrutura* (inexistência de uma comunidade-substrato, de uma solidariedade de interesses, de órgãos eleitos provenientes da respectiva comunidade, etc.), como de *função* (prossecução de interesses públicos gerais, que não do interesse colectivo próprio de uma dada comunidade), com repercussões directas no *tipo de controlo* [23] exercido pelo Estado sobre cada uma destas «esferas categoriais» [24]. Nomear aqui a «descentralização» ou a «autonomia» como elementos de caracterização, já das colectividades territoriais e ideais, já dos serviços personalizados, só terá sentido se atribuirmos à nomeação o significado amplo de toda e qualquer forma de *separação* de um ente ou de uma administração da administração central do Estado. Mas, então, surgem englobados num mesmo espaço conceitual figuras tão diversas que este deixará de desempenhar qualquer função útil no quadro de intelecção das estruturas de acção administrativas.

É, de resto, a crescente consciencialização de que a descentralização técnica foi sempre, desde a sua origem, uma pseudo--descentralização que vem explicar o fenómeno da chamada «despersonalização substancial», de que hoje se vem falando para significar a redução prática de muitos dos entes personalizados a meros órgãos da administração directa do Estado e consequente integração, em termos materiais, na cadeia hierárquica [25].

---

[23] Sobre a diversidade deste tipo de controlo, cfr., desenvolvidamente, BAPTISTA MACHADO, *Participação e descentralização*, «Revista de Direito e de Estudos Sociais», ano XXII, n.ºs 1-2-3-4, pp. 16 ss.. Cfr. também, *infra*, pp. 29 ss..

[24] Por isso se recusa uma concepção como a que está subjacente às considerações contidas no preâmbulo do decreto-lei n.º 84/84, de 16 de Março, que aprovou o Estatuto da Ordem dos Advogados. Não é exacto que as associações públicas consubstanciem uma «devolução de poderes», nem que a Ordem dos Advogados represente a concretização de uma «descentralização institucional», ao mesmo nível de um qualquer instituto público. Cfr. também, *supra*, pp. 8 ss., e ainda o que adiante se dirá sobre as associações públicas no presente quadro constitucional.

[25] Cfr. AFONSO QUEIRÓ, *A descentralização «sub specie iuris»*, cit., p. 19.

Autonomia designa, em rigor, a condição de um ente que se dá a sua própria lei — *o poder de dar-se um ordenamento*. Situada, porém, a questão no âmbito do Estado, só tem sentido que dela se fale por referência a sujeitos *não soberanos*, integrados no todo do Estado [26]. É àquele sentido, e neste quadro, que reenvia a tradicional impostação da autonomia dos entes públicos menores, aí integrados os entes locais, dando assim conta tão-só de um dos lados da questão: o «poder normativo». A autonomia seria assim concebida como a faculdade reconhecida a sujeitos distintos do Estado, designadamente aos entes territoriais, de ditar normas com eficácia jurídica. Este seria mesmo, em sede jurídico-administrativa, o único significado autêntico da autonomia.

Mas a verdade é que ela pode também referenciar *uma particular forma de articulação de duas estruturas organizatórias*. Não estará já directamente em causa um estrito poder de ditar normas, mas um genérico poder de autodeterminação, no quadro interaccionado de um complexo «sistema de acções». Não se trata agora, com efeito, de pôr em destaque o poder de dar vida a um ordenamento jurídico (ainda que derivado, e, portanto, delimitado, em última análise, pelo ordenamento estadual), mas, antes, um poder de determinar a própria «orientação de vida», um poder de gerir autonomamente uma esfera de interesses. Numa palavra, a autonomia apela aqui para um poder de autodeterminação em relação a assuntos próprios.

É justamente neste plano que a autonomia local ganha a sua especificidade. Segundo M. S. Giannini, essa especificidade

---

[26] Nas palavras de Zippelius (*Teoria Geral do Estado, cit.*, p. 60), a unidade jurídica do poder estadual significa a inexistência de competências de autoridade não estaduais dentro do território do Estado, baseadas num qualquer direito de supremacia originariamente autónoma, à margem do poder estadual. No território de um Estado soberano não há competência de autoridade alguma que seja independente dele. No mesmo sentido, Cardoso da Costa, *Elementos de Ciência Política*, lições dactilog., 1978/79, p. 54.

reside na circunstância de os entes territoriais autárquicos derivarem a respectiva orientação político-administrativa, *não do Estado, mas da sua própria comunidade*, por isso que o seu órgão fundamental é o povo erigido em corpo eleitoral[27]. Com o que se admite a possibilidade de uma divergência entre a orientação do Estado e a das autarquias, sempre que não haja correspondência de maiorias na comunidade estatal e nos entes territoriais. Não deixa, porém, este poder de orientação de se inscrever no quadro mais amplo da comunidade estatal, sendo certo que só esta é soberana[28]. A significar que o poder de orientação político-administrativa das autarquias locais se encontra delimitado pelas normas do Estado, o qual fica assim a deter sobre elas um concreto poder de controlo.

---

[27] M. S. GIANNINI, *Autonomia — Teoria generale e diritto pubblico*, Enc. d. Diritto, IV, p. 346. Fundamentalmente no mesmo sentido, A. BARBERA, *Commentario della Costituzione*, I, *Principi fondamentali, cit.*, pp. 109 ss., e P. L. ZAMPETTI, *Autonomia locale, partecipazione, Stato*, JUS, XXIII, 1976, pp. 180 ss., esp. pp. 182 ss.. Uma explicitação da posição de GIANNINI pode ver-se no seu estudo *Enti locali territoriali e programmazione*, «Riv. trim. diritto pubblico», XXIII, 1973, pp. 193 ss., esp. pp. 205 ss..

Importa, porém, introduzir aqui uma nota de relatividade ou, mais rigorosamente, de intranquilidade dogmática. Nesta área, como em muitas outras do direito público, não se separaram ainda as águas, e as questões que nela se jogam estão longe de se poderem considerar dogmaticamente pacificadas. Basta lembrar as posições tão contrapostas, entre nós, de autores como EHRHARDT SOARES e BAPTISTA MACHADO. Enquanto EHRHARDT SOARES (*Direito Administrativo*, lições copiogr., Porto, s/ data, mas de 1980, pp. 5 ss. e 94 ss.) acentua o carácter «mediato» de toda a larga fatia da Administração Pública que ultrapassa os limites do aparelho estadual, designada por *Administração mediata* justamente «para com isso traduzir a ideia de que desempenha tarefas públicas em nome do Estado», BAPTISTA MACHADO (*Participação e descentralização, cit., passim*), arrancando da posição de GIANNINI, leva a um limite extremo a tese daqueles que privilegiam a «autonomia» das autarquias locais em relação ao Estado.

[28] O que não esquece, antes pressupõe, que a soberania, como salienta BARBOSA DE MELO (*Democracia e Utopia*, Porto, 1980, pp. 46-47), «não é um dado, uma soma ou mistura de factos, coisas ou ideias cristalizadas em certo momento; é uma ideia dinâmica, regulativa, sem limite, um integral pensado e construído a partir da pluralidade de todas as suas manifestações possíveis».

É neste contexto que deve hoje ir entendida a autonomia da administração territorial. Ao longo dos tempos, tem ela sido objecto de vários equívocos, fundamentalmente por força de representações que não encontram correspondência na fórmula política da época. Num primeiro momento, e após o surgimento do quadro Estado, continuava a falar-se de uma administração territorial autónoma como se nada se tivesse alterado, ou seja, como se tudo se passasse ainda num universo político de tipo medieval, pluricentricamente estruturado. Os entes territoriais (comunas, municípios) eram vistos como puras formações naturais, com funções ou poderes originários, pré-estaduais [29]. Daqui decorria, em consequência, uma *autonomia originária*, como que fundada ou legitimada numa «ordem de natureza», dentro de um quadro de radical *independência* em face do Estado [30]. Porém, à medida que a figura do Estado se vai «interiorizando» no pensamento político, torna-se aquela representação cada vez menos convincente. Sucede até que este movimento de interiorização do quadro Estado é de tal modo compressivo que acaba por conduzir a uma impostação de tipo antitético. Com efeito, se bem que, no campo da ideologia,

---

[29] É do direito comunal que provém a teoria das competências originárias de certos sujeitos da administração, tendo-se depois alargado, com um sentido basicamente análogo, às outras figuras da chamada «administração autónoma» (cfr. E. R. HUBER, *Wirtschaftsverwaltungsrecht*, vol. I, 2.ª ed., Tübingen, 1953, pp. 109 ss.).

[30] A concepção das autarquias locais como «corporações territoriais originárias», espontâneas ou primitivas, no quadro da qual o art. 28.º, 2, da *Grundgesetz* exprimiria o direito natural dos municípios a uma administração autónoma independente do Estado, é vigorosamente contestada por D. MRONZ (*Körperschaften und Zwangsmitgliedschaft*, Berlin, 1973, p. 155). De entre os municípios dos dias de hoje, acentua o autor, tão-só num acto do Estado encontra uma parte deles o seu fundamento, sendo que os restantes se vêem confirmados ou reconhecidos na sua existência. Além disso, acrescenta, estão todos sujeitos, sem excepção, às prescrições estaduais de modificação ou extinção.

de vários lados, tanto no século passado como no nosso, a autonomia local continuasse sendo objecto de motes elogiosos, a verdade é que os cultores do direito público se encarregaram de a reduzir a uma mera autonomia «normativa», agora no quadro corrigido de um poder normativo *não soberano* — com o que se deixava na sombra o seu lado mais significativo: a autonomia «organizatória».

Sem esquecer os seus vários momentos evolutivos, o sentido que hoje assume a contraposição «administração do Estado-administração autárquica» só poderá cabalmente lograr-se se representarmos correctamente o quadro político dos nossos dias. Não já o quadro pluricêntrico medieval, não também a separação entre Estado e sociedade, quer se trate da separação da época das luzes, quer da separação da época liberal [31], mas a realidade de um *Estado plural*, que não deixa já prender-se nas malhas de uma pura forma organizatória: superada aquela oposição, vem o Estado a constituir-se como a *dimensão política da sociedade*, sendo

---

[31] Se em ambas as épocas o Estado é, fundamentalmente, um simples aparelho, o modo como se contrapõe à sociedade obedece a encenações distintas. O Estado da época da Iluminação, porque se representa como a instância da razão, o que, no quadro do tempo, significa o lugar de produção da verdade universal e, por aí, a sede ideal para a formulação de soluções lógico-racionais (que, por definição, são as melhores), vai procurar dirigir a sociedade de acordo com os seus próprios valores: a separação funciona aqui como dispositivo de *orientação-modelação* do elemento contraposto. Na autocompreensão do mundo liberal burguês, se a meta a atingir é a completa separação da sociedade em relação ao Estado, é porque aquela não mais pretende ser orientada no quadro de uma constelação de valores (valores «políticos», em última análise, os valores do príncipe esclarecido) que não reconhece como seus. O que se pretende agora é a criação de *espaços livres de Estado*, dentro dos quais a sociedade de homens livres e iguais possa, sem constrangimentos, organizar-se e desenvolver-se, na convicção de que o domínio dos valores económicos (hipostasiado como a sociedade) encontrará *naturalmente* o seu equilíbrio óptimo. A separação é, aqui, módulo de luta contra a *demonia do político* (que, no quadro da época, é a demonia do Estado).

assim, ele próprio, sociedade [32]. Com o que se torna possível a formação de um «espaço comum» (dir-se-ia: um recíproco espaço de penetração, que, pela reciprocidade, se torna *comum espaço de liberdade*), onde se irá processar a multímoda e contínua interacção entre poder político e instituições sociais.

É neste sistema de complexidade crescente — fazendo agora a ponte com o momento de regulação — que se apreenderá o exacto sentido da *estrutura de acção* que o Estado, assim representado, vai segregar para realizar os seus fins: temos a «administração», isto é, no dizer de LUHMANN, um sistema de acções dirigido à produção de decisões colectivamente vinculantes [33]. Este sistema (*rectius*: subsistema do «sistema político») vai encarregar-se do *uso da legitimidade*, já que a respectiva *produção* ou *criação* tem a ver com aquele complexo de processos sociais especificamente orientados para assegurarem a aceitação das decisões no «ambiente» social da administração — ou seja, a «política» [34].

No quadro assim definido, falar de uma qualquer «administração autónoma» revela-se em toda a sua relativa densidade. Concretamente, qualificar como «autónoma» a administração local pode ter aquele significado, atrás assinalado, de uma capa-

---

[32] Cfr. R. EHRHARDT SOARES, *Direito público e sociedade técnica*, pp. 127 ss.. Com esta identificação não quer, porém, significar-se que o Estado se constitua como a personificação jurídica da sociedade ou a sua representação enquanto grupo, mas, antes, como um particular aspecto da sua totalidade, aquele que dá conta de uma sua dimensão, a dimensão política (*ob. cit.*, p. 135).

[33] N. LUHMANN, *Politische Planung*, in «Politische Planung, Aufsätze zur Soziologie von Politik und Verwaltung», Opladen, 1971, p. 66.

[34] N. LUHMANN, *Gesellschaftliche und politische Bedingungen des Rechtsstaats*, in «Politische Planung», *cit.*, pp. 61-62, e *Politische Planung, ib.*, pp. 66-77. No interior do «sistema político», *política* e *administração* representam subsistemas que se analisam em duas distintas esferas de comunicação, cada uma das quais com os seus papéis, organizações, competências e critérios de racionalidade. No seu conjunto, e enquanto funções, corporizam a específica orientação da esfera de acção que é o «sistema político» (cfr. pp. 72-74).

cidade para ditar normas ou de um poder de determinar a respectiva orientação político-administrativa. Mas não é menos certo que tudo isso só ganha sentido *na unidade do Estado*, enquanto particular dimensão da sociedade. E ganhar sentido nessa «unidade» — ainda que uma unidade tão-só política, que, por definição, não aspira a cobrir totalizantemente o tecido social — significa, antes de mais, estar sujeito aos *limites* que ela mesma comporta. O que postula uma infrangível necessidade de *compatibilização* entre a *ordem de sentido* que o Estado é (por isso que intende à realização da paz segundo uma ideia de justiça) e as *manifestações* que aquela «autonomia» vá diuturnamente expondo [35].

---

[35] Com o propósito de recolocar a questão na sua verdadeira origem, não falta quem venha hoje defender que o problema da autonomia local só pode compreender-se (bem como lograr-se a sua concreta vivência) num radical quadro de «soberania popular». É o caso da recente obra de A. Pubusa, *Sovranità popolare e autonomie locali nell'ordinamento costituzionale italiano*, Milano, 1983. Partindo da ideia de que o princípio da soberania estatal constituiu sempre o fundamento das construções centralizadoras dos entes locais, considera o autor que o oposto princípio da soberania popular há-de forçosamente conduzir à rejeição de tais construções. Acrescenta, aliás, que se verifica, em grande parte da doutrina italiana, uma espécie de «fuga à Constituição», sendo certo que, no seu entender, os dados e a estrutura da carta constitucional teriam de há muito permitido, com facilidade, a ruptura com as formulações tradicionalmente avançadas no período anterior à vigência da actual Constituição (cfr. pp. 8 ss., 109 ss., e *passim*).

Neste «regresso às origens» vai, por um lado, implícito o apelo a um mundo de representações que tem ainda a ver com a estrutura política medieval, fragmentária e atomizada, anterior ao surgimento do quadro Estado. Por outro lado, parece não se ter devidamente em conta toda a elaboração doutrinal que, sobretudo a partir da década de vinte (lembrem-se, desde logo, as construções de um Heller ou de um Smend), tem vindo a ser feita no quadro da compreensão das relações entre Estado e sociedade, e que conduziu, de uma forma ou de outra, ao alargamento do conceito de Estado (sem que nisto vá implicada a adesão a uma pura identificação entre os dois termos). Cfr., *supra*, p. 24; cfr. também U. K. Preuß, *Zum staatsrechtlichen Begriff des Öffentlichen*, cit., pp. 106 ss..

Se ligarmos agora o plano orgânico ao plano dos direitos e deveres dos funcionários, algo de relevante, para o nosso propósito final, se poderá, desde já, adiantar.

Em termos de estrita lógica, dir-se-á que uma postura de valorização da autonomia local [36] tenderá a defender uma *separação* da estrutura organizatória autárquica da estrutura de acção estadual e, por isso, também, uma separação ou independência de estatutos dos respectivos servidores. Ora, não é isso que hoje se verifica entre nós. Sucede até que é justamente no período anterior à actual Constituição que mais se evidencia, na prática, essa separação de estatutos, sendo certo que era então patente uma clara desvalorização, ou mesmo desvirtuamento [37], da

---

[36] A tentativa de colocação da autonomia local no lugar que parece correctamente pertencer-lhe, dentro da unidade plural do Estado, nada tem a ver com uma sua valorização *à outrance*, a ponto de nela se ver, por si só, o pólo transformador de um «Estado-de-direito» em «Estado social». Assim, para G. Berti (*Commentario della Costituzione*, v. I, *Principi fondamentali, cit.*, p. 286), a consagração do princípio autonomístico na lei fundamental italiana representa, talvez, «a mais importante antecipação de toda a Constituição: a transformação do Estado de direito centralizado em Estado social das autonomias». Sem pôr obviamente em causa a legitimação e o relevo político-jurídico da autonomia dos entes locais (que a nossa Constituição, como veremos, matriciou no âmbito específico de um «poder»: o «poder local») no quadro de desenvolvimento do Estado-de-direito material, importa, porém, não perder o sentido, já da proporção, já da relatividade dos factores.

[37] Como salientou o deputado Barbosa de Melo, na apresentação ao Plenário dos trabalhos da comissão da Assembleia Constituinte encarregada de elaborar a proposta de articulado referente ao poder local, «os órgãos da chamada administração local foram, durante as longas e malfadadas épocas de que nos estamos a libertar, um dos meios de que um centro político único se serviu para fazer ao povo as suas imposições porventura mais amplas, mais insidiosas e mais subtis. Mas, se a filosofia informante do articulado vier a prevalecer aqui, no Plenário, a essa pseudo-administração local sucederá uma verdadeira administração local — isto é, uma administração autónoma e democrática, em que as populações, por si mesmas ou por intermédio de representantes livremente eleitos, tomarão nas próprias mãos as grandes decisões da vida administrativa local» (*Diário da Assembleia Constituinte*, n.º 102, de 13 de Janeiro de 1976, p. 3329).

autonomia local. Trata-se, porém, de um paradoxo tão-só aparente.

A aludida desvalorização ia bem com a separação de estatutos, já que, no caso, esta se propunha produzir *diferenciação*, em favor da administração estadual. Ou seja, a separação em causa não era a resultante de uma afirmação de autonomia, antes a mediação para uma supremacia — a supremacia do Governo sobre as autarquias locais. Compreende-se assim que hoje se assista a dois movimentos que só na aparência são contraditórios: reivindicação de autonomia para a administração local, de um lado; luta pela equipação de regime entre servidores das autarquias e servidores do Estado, do outro. É que esta reivindicação de «autonomia» é feita, em último termo, em nome da *igualdade*, ou, se quisermos, em nome de uma *igual dignidade*, ou ainda, de uma *identidade de natureza*: a administração local é — pretende-se — tão «administração», ou tão «administração pública», como a administração estadual. Deste modo, a defesa da autonomia torna-se perfeitamente compaginável com a luta pela equiparação de regime: ambos os momentos remetem para o referente intencional da igualdade. No plano subjectivo, aspira-se ao inteiro estatuto de servidor da administração pública, isto é, *do Estado*, da sociedade que actua a sua dimensão política.

3. *A Administração Pública no quadro constitucional*

A Constituição portuguesa considera que o Estado, definido como unitário, respeita, na sua organização, os princípios da autonomia das autarquias locais e da descentralização democrática da administração pública (art. 6.º, 1). O Governo, por seu turno, é definido como o órgão superior da administração pública (art. 185.º), afirmando-se que a ele compete «dirigir os serviços e a actividade da administração directa do Estado, civil e militar, superintender na administração indirecta e exercer a tutela sobre a administração autónoma» (art. 202.º, *d*)). Esta mesma ideia é retomada no art. 267.º, 2, frisando-se que a descentralização e a desconcentração administrativas se hão-de concretizar sem prejuízo dos «poderes de direcção e superintendência do Governo».

Deste conjunto de disposições, e no que releva para o nosso propósito, o primeiro ponto a salientar é o da explícita colocação do Governo no topo da administração pública. Constituindo-se como um órgão complexo, é o Governo formado não apenas por vários órgãos simples individuais (Primeiro--Ministro, um ou vários Vice-Primeiros-Ministros, Secretários e Subsecretários de Estado), mas ainda por um ou vários órgãos colegiais (Conselho de Ministros e eventuais Conselhos de Ministros especializados em razão da matéria) — v. arts. 186.º e 187.º. É justamente este órgão complexo que aparece definido como «o órgão superior da administração pública» (art. 185.º), sendo-lhe consequentemente cometida a tarefa de superintender, tanto pela acção directa como pelo controlo (em sentido lato), em toda a vida administrativa do país. Neste sentido se poderá dizer que os «poderes» referidos no art. 202.º, *d*) (direcção, superintendência e tutela) não são mais que simples explicitações de algo que já se continha naquele anterior preceito. Repare-se que à coordenação geral do Governo se encontra expressamente submetida a administração autónoma, sob a forma de uma relação de tutela, o que irá ter a sua importância para a correcta leitura da autonomia local, como de seguida se referirá.

Verifica-se, por outro lado, que a Constituição portuguesa distingue entre administração do Estado e administração autónoma, subdividindo ainda a primeira em directa e indirecta[38]. A *administração directa* vem a ser aquela que é

---

[38] Para além disso, o legislador constituinte veio especificar, aquando da revisão, que a administração militar se insere na administração directa do Estado.

exercida pelo aparelho administrativo estadual, organizado hierarquicamente numa estrutura vertical, a partir do Governo. Corresponde assim à actividade administrativa que é actuada não apenas pelo corpo central da administração (administração central), mas também pelos órgãos desconcentrados desta última, isto é, pelos órgãos locais ou periféricos para os quais o Estado tenha operado uma desconcentração de poderes, nos termos acima analisados (administração local do Estado). Significa isto, em termos formais, que se reporta a administração directa à pessoa colectiva Estado, isto é, àquela pessoa colectiva de direito público interno que tem por órgão o Governo. Simplificando, dir-se-á que o que está aqui em causa é o *Estado-administração em sentido estrito*, enquanto entidade jurídico-administrativa distinta e separada das demais pessoas colectivas públicas (autarquias locais, institutos, etc.), cujo substrato abrange, como que residualmente, tudo aquilo que, na administração, não faz parte de qualquer outro ente personalizado. A *administração indirecta*, por seu turno, identifica-se com aquela que é levada a cabo, por «devolução de poderes», pelos institutos públicos, os quais desempenham, como já se salientou, tarefas próprias do Estado, mediante poderes que este expressamente lhes remete ou confere. Por sua vez, a *administração autónoma* que a Constituição refere corresponde à actividade administrativa exercida por aqueles entes que acima foram qualificados como autónomos, isto é, as autarquias locais e os entes do tipo corporativo (associações públicas).

Como autarquias locais, compreende a Constituição as freguesias, os municípios e as regiões administrativas [39]. Estas, aliás, ainda não foram instituídas [40]. Em termos de direito

---

[39] Nas grandes áreas urbanas e nas ilhas, a lei poderá estabelecer outras formas de organização territorial autárquica (cfr. art. 238.°, 3).

[40] Exige a Constituição que todas as regiões administrativas sejam criadas simultaneamente, estipulando ainda a necessidade de coincidência das regiões

positivo, haverá de ser por referência a este quadro que se poderá falar de *administração local autárquica* — ou só *local*, ou só *autárquica*. Com o que se terá em vista, materialmente, o poder administrativo que se ocupa da prossecução de interesses colectivos próprios das comunidades inseridas num delimitado âmbito geográfico, e, em termos organizatórios, o conjunto dos órgãos e serviços a quem compete levar a cabo essa tarefa.

Se se utiliza, indistintamente, por comodidade de exposição, qualquer daquelas três expressões, importa ter presente a diversa realidade que é a *administração local do Estado*. Tem esta a ver com um processo de mera desconcentração de poderes, ao passo que além se trata de uma verdadeira e própria descentralização da administração pública, participando as autarquias, ao lado do Estado, do exercício da função administrativa. Saliente-se ainda, neste contexto, que os distritos apenas subsistirão enquanto não forem instituídas as regiões administrativas (art. 295.º). Junto de cada região haverá um representante do Governo, cuja competência se exercerá também junto das autarquias existentes na respectiva área (art. 262.º). Este representante virá substituir o actual governador civil, que continua a ser um órgão desconcentrado da administração central, representando no distrito a pessoa colectiva Estado e dependendo hierarquicamente do Governo.

---

com as regiões-plano (art. 256.º). Apreciando este processo, escreve BARBOSA DE MELO: «Quem quisesse obstar de facto à regionalização do Continente, embora salvaguardando as aparências do contrário, não teria talvez agido de outra maneira melhor» (BARBOSA DE MELO/CARDOSO DA COSTA/VIEIRA DE ANDRADE, *Estudo e Projecto de Revisão da Constituição*, Coimbra, 1981, p. 285). A revisão do texto constitucional manteve, porém, este processo de criação das regiões administrativas (por unanimidade, no que se refere ao princípio da simultaneidade, apenas com a discordância de um pequeno partido, relativamente à coincidência com as regiões-plano). Sobre as regiões administrativas como forma de reforço da autonomia local, v. VITAL MOREIRA, *As regiões, a autonomia municipal e a unidade do Estado*, in «Poder Local», n.º 3, 1977, pp. 14 ss.. Para um paralelo com a experiência francesa, veja-se A. KRIEGER, *La région et le pouvoir*, in Mélanges offerts à G. Burdeau, *cit.*, pp. 825 ss..

Os entes autónomos de tipo territorial encontram-se constitucionalmente sediados na parte respeitante à organização do *poder político*, ao lado dos tradicionais órgãos de soberania e das regiões autónomas (parte III); e, dentro dela, inscreve-os a Constituição numa certa forma de organização descentralizada do Estado que designa por *poder local*. Ora isto parece sugerir uma certa linha de orientação sobre o papel que se espera ver desempenhado pelas autarquias locais: inscrevendo-as no «poder político», parece o legislador constituinte esperar delas uma actividade que não se confine a uma pura gestão administrativa, mas antes ascenda *a uma superior dignidade institucional* [41]. O que estará em sintonia com a compreensão da autonomia local como poder de definir uma orientação político-administrativa própria.

Mas não é menos certo, por outro lado, que toda a estruturação desta parte III faz supor, pelo leque de matérias versadas, uma representação alargada do próprio conceito de Estado (sem falar já do que vai implícito nos arts. 2.º e 6.º), pelo que o sentido final daquela autonomia só se logrará neste compreensivo horizonte, ou seja, no quadro soberano da comunidade estatal. O «poder político» está aqui como Estado, sendo que este é, ele próprio, organização política da sociedade — dir-se-á que este «poder político» aparece aqui como a *refracção constitucional-positiva* daquela dimensão da sociedade em que se analisa o Estado.

O que tudo vem, de resto, a ser corroborado pela expressa submissão das autarquias à tutela estadual (art. 243.º), depois de se ter estabelecido que é ao Governo que compete exercer

---

[41] Referindo-se à exigência, no quadro do princípio democrático, de novas formas representativas, C. MORTATI (*Commentario della Costituzione*, vol. I, *Principi fondamentali*, p. 49) coloca em igual plano de relevância, no cenário propriamente político, quer os grupos de tipo territorial, quer aqueles que se estruturam na base de homogéneos interesses sectoriais. A ambos os tipos de grupos atribui o autor, na hodierna sociedade plural, um fundamental papel de natureza especificamente *política*.

a tutela sobre a administração autónoma (art. 202.º). Contêm-se aqui, latentemente, e em síntese, os dois antitéticos momentos que acabam por definir, dialecticamente, o verdadeiro rosto da autonomia local. De um lado, a própria *ideia de tutela* [42],

---

[42] Antes da revisão, o texto constitucional submetia a administração directa e indirecta do Estado ao poder de *direcção* do Governo, referindo, para a administração autónoma, um poder de *superintendência* (art. 202.º, *d*)) ou de *tutela* (art. 243.º). A explicitação destes vários «poderes» suscitou dificuldades de interpretação (cfr. BAPTISTA MACHADO, *Participação e descentralização* «Revista de Direito e de Estudos Sociais», ano XXII, n.ºˢ 1-2-3-4, pp. 12 ss.; GOMES CANOTILHO/VITAL MOREIRA, *Constituição da República Portuguesa Anotada*, Coimbra, 1978, p. 391; SÉRVULO CORREIA, *Noções de Direito Administrativo*, Lisboa, 1982, p. 200). Na redacção actual, restringe-se o *poder de direcção* à administração directa, faz-se submeter a administração indirecta ao *poder de superintendência* e reserva-se o *poder de tutela* para a administração autónoma.

Se é de aplaudir a diferenciação de «poderes» para cada uma das administrações aí referidas, não parece, todavia, que a nova redacção esteja isenta de críticas. O «poder de superintendência», que agora se faz recair sobre os órgãos da administração indirecta, inscreve-se, tradicionalmente, dentro do âmbito global da relação de *hierarquia* (cfr. AFONSO QUEIRÓ, *Lições de Direito Administrativo*, Coimbra, 1959, polic., pp. 318 ss.), pelo que parece continuar a confundir-se realidades que se situam, de facto, em planos diferentes. Pareceria mais adequado submeter a gestão dos institutos públicos a um *poder de orientação*, a meio caminho — mas de natureza diferente — entre os poderes característicos da relação de hierarquia e os poderes integrantes da relação de tutela. Veja-se, embora no contexto da redacção inicial da Constituição, BAPTISTA MACHADO, *ob. cit.*, pp. 12 ss., falando de uma *tutela interna* ou *directiva* (esp. pp. 17 ss.), e SÉRVULO CORREIA, *ob. cit.*, p. 214; cfr. ainda FREITAS DO AMARAL, *A função presidencial nas pessoas colectivas de direito público*, «Estudos de direito público em honra do professor MARCELLO CAETANO», Lisboa, 1973, pp. 30 ss..

Pode dizer-se que este «poder de orientação» se aproxima, substancialmente, daquilo que o Prof. AFONSO QUEIRÓ, nas suas lições de 1959 (*cit.*, p. 328), designa por «tutela directiva». Tal designação tem, porém, o inconveniente de implicitamente reenviar para o universo conceitual da tutela, o que agora se pretende evitar, em face da diversidade de natureza que se considera existir entre o «controlo» exercido sobre os institutos públicos e o «controlo» actuado sobre as autarquias locais. Não deixe, todavia, de advertir-se que as leis ordinárias — e, por arrastamento, a própria doutrina — continuam a mencionar a forma de controlo «tutela» no contexto da administração indirecta. Sobre os conceitos e formas de tutela e hierarquia, pode ver-se, em geral, para além dos autores já citados, MARCELLO CAETANO, *ob. cit.*, pp. 230 ss. e 244 ss., e M. ESTEVES DE OLIVEIRA, *Direito Administrativo*, Lisboa, 1980, pp. 192 ss..

que de imediato reenvia para uma instância superior (uma instância de controlo) e, por aí, para um quadro de soberania — o poder de autodeterminação da autarquia local não destrói que só a comunidade estatal seja soberana. Do outro, a explicitação de que essa tutela se traduz na verificação do *cumprimento da lei*, devendo, para além disso, ser exercida tão-só nos estritos casos e formas legalmente previstos (art. 243.º) — o que se compagina com a autonomia de orientação político-administrativa no âmbito delimitado pelas normas do Estado [43].

No que se refere agora aos entes públicos de tipo corporativo, impõe-se salientar a sua constitucionalização pela recente revisão da lei fundamental. Com efeito, autonomiza-se agora a figura das *associações públicas* (art. 267.º), inseridas pelo legislador constituinte entre as possíveis vias de lograr os objectivos que constitucionalmente se deve propor a estruturação da administração: evitar a burocratização, aproximar os serviços das populações e assegurar a participação dos interessados. O antecedente directo desta constitucionalização parece residir nas discussões travadas, em sede de fiscalização da constitucionalidde, sobre a legitimidade do estatuto de direito público de que, no ordenamento anterior, vinham gozando determinados entes de tipo corporativo, designadamente ordens e câmaras de tipo profissional. A orientação então seguida, favorável à constitucionalidade desse estatuto, veio a encontrar eco na actual redacção do art. 267.º.

Como a criação de associações públicas pode vir a contender, na prática, com o princípio da liberdade de associação, consagrado no art. 46.º, entendeu-se que a sua definição e regula-

---

[43] Deste modo, o controlo do Estado sobre as autarquias locais destina-se tão-só a verificar se se ultrapassaram os limites que lhes são assinalados pela lei. Diferentemente, o controlo sobre os institutos públicos vai, desde logo, dirigido à verificação da observância da orientação político-administrativa do Estado (cfr. M. S. GIANNINI, *ob. cit.*, pp. 365-366).

mentação devia entrar no âmbito da competência exclusiva (reserva relativa) da Assembleia da República (art. 168.º, 1, *f*). Por outro lado, impuseram-se limites à sua constituição, a qual surge marcada por um carácter simultaneamente de *excepcionalidade* e de *especificidade*. Com efeito, tais entes públicos podem ser criados — mas só o podem ser — para a satisfação de necessidades específicas. Acresce que lhes está expressamente vedado o exercício de funções próprias das associações sindicais, tendo ainda o legislador constituinte ido ao ponto de especificar que a organização interna haverá de basear-se no respeito dos direitos dos seus membros e na formação democrática dos seus órgãos [43] *bis*.

Pretendeu-se, em primeiro lugar, impedir a criação de uma indiscriminada variedade de associações públicas, na base de um qualquer e indiferenciado interesse «social» ou «público». Ora isto está directamente relacionado com a estruturação democrática do Estado, pois a criação de uma rede de entes públicos deste tipo, atravessando, de forma sistemática, todo o tecido social, acabaria por violar a própria lógica do sistema [44]. Com o que se pretende significar que aquele propósito *encontrava já* inequívoco acolhimento no quadro constitucional anterior à revisão.

Por outro lado, e no que concerne especificamente às associações públicas de tipo profissional, impõe-se a sua articulação com a liberdade de escolha de profissão, também constitucional-

---

[43] *bis* Sobre as associações públicas, veja-se o recente estudo de JORGE MIRANDA, *As associações públicas no direito português*, Lisboa, 1985, apresentado como lição-síntese em provas públicas de agregação na Universidade de Lisboa.

[44] Sobre os grupos de interesse num quadro pluralista e sua diferenciação em relação às corporações e organizações de massa no âmbito de concepções monistas, v. VIEIRA DE ANDRADE, *Grupos de interesse, pluralismo e unidade política*, sep. do «Boletim da Faculdade de Direito», vol. XX, 1977, pp. 41 ss..

mente garantida (art. 47.º). O estatuto constitucional dos direitos, liberdades e garantias fará aqui intervir um momento de ponderação entre os objectivos públicos a atingir com a criação do ente corporativo e as restrições à liberdade de escolha de profissão que isso pode concretamente implicar (princípio da proporcionalidade).

Mas, em bom rigor, uma tal contensão resultava já do próprio «direito de escolha de profissão», tal como está consagrado no art. 47.º, 1 [45]. Com efeito, se é certo que se pode distinguir entre o momento da escolha e o momento do exercício, a *liberdade de profissão* não deixa de se constituir como um todo materialmente unitário. Sendo assim, as garantias jurídicas de liberdade respeitantes à vida profissional estão presentes e actuam, com maior ou menor intensidade, nas diversas «fases» ou «níveis» que nela é possível, analiticamente, detectar, por isso que todas elas se inscrevem na área de influência de uma *unitária garantia fundamental*. O que não significa, como já se depreenderá, que a liberdade de conformação do legislador, expressamente admitida na disposição citada, esteja sujeita, em todas as circunstâncias, a iguais limites. Ela vai depender do concreto nível ou grau em que a restrição pretende operar. Foi justamente para chegar a uma diferenciação da intensidade de intervenção do legislador no âmbito global da liberdade de profissão que a jurisprudência constitucional alemã veio a desenvolver a chamada *Stufentheorie* [46]. A intervenção do legislador pode situar-se ao nível de uma simples *regulamentação do exercício*

---

[45] Acentue-se que o texto do presente art. 47.º, 1, é a reprodução integral do n.º 3 do anterior art. 51.º. O que representa, sistematicamente, uma melhoria significativa: colocada inicialmente entre os direitos e deveres *económicos*, evidencia-se agora o carácter eminentemente *pessoal* da liberdade de escolha de profissão.

[46] Cfr. W. THIELE, *Wirtschaftsverfassungsrecht*, 2.ª ed., Göttingen, 1974, pp. 216 ss.; SCHOLZ, in MAUNZ-DÜRIG, *Grundgesetz — Kommentar*, I, art. 12.º, n.ºs 14-16.

da profissão, e aí será particularmente ampla a margem de manobra, desde que a regulamentação não ponha em jogo, reflexamente, a liberdade de escolha. Mas o legislador pode provocar restrições da escolha de profissão através da fixação de *pressupostos de admissão subjectivos*, como pode provocá-las através da fixação de *pressupostos de admissão objectivos*. Em qualquer destes três «graus», é imprescindível ter em conta, por um lado, a tutela da liberdade do cidadão, por outro, a salvaguarda do interesse da colectividade.

Neste contexto, as restrições à liberdade de escolha de profissão, que o art. 47.º permite venham a ser feitas em sede de lei ordinária, podem dizer respeito a qualquer uma das fases ou momentos do todo da vida profissional. Mas, em qualquer deles, está o legislador vinculado pelo «interesse colectivo» que o texto constitucional expressamente refere. Ora, sendo assim, *mesmo sem o novo preceito do art 267..º, 3*, já o legislador, quando decidisse criar uma associação pública profissional, se veria obrigado, pelo *princípio da proporcionalidade*, a introduzir um juízo de ponderação entre o interesse público a atingir pela regulamentação da profissão e as restrições à livre escolha de trabalho (v. art. 18.º, 2) [47].

Relativamente ao exercício de funções sindicais, que ele tenha sido vedado às associações públicas parece não sofrer

---

[47] O princípio da proporcionalidade (*Verhältnismäßigkeit*), entendido em sentido amplo, ou princípio da proibição do excesso (*Übermaßverbot*), refracta-se em várias direcções, acentuando um ou outro aspecto particular (princípio da *adequação* dos meios em relação aos objectivos visados; princípio da *necessidade* das medidas; princípio da *proporcionalidade* dos meios em relação aos fins — por vezes designado, este último, como princípio da proporcionalidade em sentido estrito). Mas o essencial do princípio permanece o mesmo: proibição de medidas excessivas, num pressuposto de necessidade de intervenção do Estado para a obtenção de determinado resultado. Cfr. HERZOG, in MAUNZ-DÜRIG, *Grundgesetz. Kommentar*, v. II, art. 20.º, VII, n.ᵒˢ 71-76; cfr. também, no âmbito do texto, W. THIELE, *Wirtschaftsverfassungsrecht*, *cit.*, p. 219.

contestação. Mas, também aí, *tudo ia já implicado* na própria estruturação democrática do Estado. A atribuição de funções sindicais a associações de carácter *público* constitui-se, de facto, como uma das características marcantes do corporativismo *como sistema*, pelo que, logo por aí, não chega sequer a ser representável no presente quadro constitucional.

Numa breve apreciação global, dir-se-á que toda esta referência às associações públicas parece representar, em si e no seu pormenor, algum excesso. O que se liga, de resto, a uma certa lógica de pan-constitucionalização — com a consequente «dessacralização» do que é verdadeiramente fundamental, em termos de constituição. É certo que algumas destas preocupações de regime se poderão, com benevolência, aceitar num contexto histórico como o que imediatamente segue à Constituição de 1933. Mas não é menos exacto que é suposto o legislador de uma lei fundamental representar mais fundamente a encenação teorética do seu próprio quadro. Tudo resulta, afinal, de um pré-juízo — dir-se-á que carregado de factores emotivos—, que tem directamente a ver com o antecedente da institucionalização de um «sistema» corporativo, dirigido (ou apetecendo) à cobertura totalizante do tecido social. É, porém, de todo estranho a este universo de representações o reconhecimento de que, em concretos e determinados casos, certas organizações de tipo corporativo ou ideal articulam melhor o interesse colectivo com os interesses de grupo, em face da especificidade da situação, do que os próprios serviços da administração estadual [48]. Neste contexto se poderá dizer que a constitucionalização em si das associações públicas nada mais representa que a redundante legitimação formal de algo que já por si se imporia, no quadro

---

[48] Cfr. Winfried Brohm, *Strukturen der Wirtschaftsverwaltung*, Stuttgart, 1969, pp. 275-276. O que é particularmente válido, no campo profissional, no que concerne aos aspectos deontológico e disciplinar.

de uma compreensão (e de uma estrutura) plural de Estado [49]. Aliás, é hoje largamente aceite o carácter público de certas organizações administrativas de tipo económico (em sentido lato), abrangendo o próprio campo da actividade profissional (câmaras de trabalho) [50].

4. *Estrutura organizatória da Administração e conceitos operatórios no domínio do direito da função pública*

Importa agora saber se às normas que especificamente dizem respeito à função pública subjaz ou não um desenho orgânico da administração coincidente com o que vem sendo delineado.

Da variedade de diplomas que, nos últimos tempos, têm vindo a ocupar-se da função pública decorre que o legislador opera, neste campo, com base em uma contraposição fundamental: aquela que ele próprio estabelece entre *administração*

---

[49] Em sentido diferente, A. SILVA LEAL, *Os grupos sociais e as organizações na Constituição de 1976 — A rotura com o corporativismo*, in «Estudos sobre a Constituição», vol. III, 1979, pp. 336 ss.. Neste extenso estudo, elaborado antes da revisão, critica o autor que a Comissão Constitucional tivesse aceite a constitucionalidade das associações ou corporações públicas. Para tal seria necessário, em seu entender, que a lei fundamental as tivesse expressamente admitido ou contemplado (p. 340). E salienta, nas conclusões do trabalho (p. 351): «(...) não nos parece compatível com a Constituição de 1976 a existência de associações ou corporações públicas (excepto como e enquanto instituições de segurança social»).

[50] Cfr. W. BROHM, *ob. cit.*, pp. 144 ss., 243 ss., 272 ss. e *passim*; DIETER MRONZ, *Körperschaften und Zwangsmitgliedschaft*, Berlin, 1973, pp. 40 ss. e 103 ss.; R. STOBER, *Wirtschaftsverwaltungsrecht*, Stuttgart/Berlin/Köln/Mainz, 1976, pp. 60 ss.. A variedade de organizações com poderes de império torna clara a «pluralização» da administração. Como salienta BROHM (*ob. cit.*, p. 285), o Estado já não se coloca hoje diante da sociedade como mero *titular* do poder de soberania ou como *personificação* de uma unidade: ele é, em si, uma figura «plural». Com o que se evidencia a definitiva superação do Estado soberano jacobino e se acentua a compreensão do Estado dos nossos dias como uma «unidade plural» (cfr., *supra*, pp. 25 ss.).

central e *administração local*. Sucede, porém, que tais expressões adquirem, no contexto, uma coloração específica, não coincidente, pelo menos em toda a linha, com aquela que se lhe atribuiria numa comum perspectiva de direito administrativo.

Comecemos pela administração local.

Saliente-se, em primeiro lugar, que o legislador utiliza, de modo indiferenciado, as expressões «administração local» e «administração autárquica», sendo certo que nelas pretende abranger tanto os servidores das autarquias locais, como os servidores dos governos civis e das administrações de bairro. Mais concretamente, verifica-se que, se os diplomas legais afirmam, no preâmbulo, ter em vista a administração *local* ou *autárquica*, o articulado acaba depois por especificar que as respectivas normas se aplicam aos funcionários e agentes dos governos civis, das administrações de bairro [51], das assembleias distritais, das autarquias locais e respectivos serviços personalizados e das federações e associações de municípios [52].

Não há assim uma exacta correspondência com as homónimas designações acima utilizadas, nem com a terminologia constitucional. De facto, a «administração local» destes diplomas alarga-se tanto à área da administração *autárquica*, como a uma específica zona da administração local *do Estado* — aquela que diz respeito à administração local geral ou comum (governos civis) [53]. Significa isto que o actual direito da função pública

---

[51] Tenha-se, porém, em consideração que a lei n.º 8/81, de 15 de Junho (que ratificou, com emendas, o decreto-lei n.º 53/79, de 24 de Março) pôs em movimento um processo de extinção dos bairros administrativos.

[52] A título meramente exemplificativo, vejam-se os decretos-leis n.º s 466/79, de 7 de Dezembro, 179/80, de 3 de Junho, 231/81, de 6 de Agosto, 406/82, de 27 de Setembro, e o decreto regulamentar n.º 68/80, de 4 de Novembro.

[53] Quanto às administrações de bairro, cfr. nota (51). Recorde-se, por seu turno, a situação transitória da divisão distrital, que apenas subsistirá enquanto não forem criadas as regiões administrativas. Junto de cada região

identifica o conceito de *servidores da administração local* com aquele outro tradicional conceito — aliás, impróprio, como veremos adiante — de *funcionários administrativos*. Eram, de facto, assim designados os funcionários e agentes das autarquias locais, das secretarias dos governos civis e das administrações de bairro, designação que provinha, de resto, da mera circunstância de o respectivo estatuto encontrar formalmente a sua sede no Código Administrativo [54].

Por contraposição a esta «administração local» ou «autárquica», com o sentido que acaba de precisar-se, autonomiza-se uma zona globalmente referenciada como *administração central*. A análise dos diplomas demonstra, porém, que o legislador, ao utilizar tal expressão, pretende abranger duas distintas áreas. Com efeito, são as próprias leis que especificam, por via de regra, que o seu âmbito de aplicação é constituído, não apenas pelos serviços e organismos da *administração central propriamente dita*, mas também pelos serviços e organismos dos *institutos públicos*. Alguns esclarecimentos se impõem sobre cada uma destas áreas.

Relativamente à *administração central* (*hoc sensu*), parece não subsistirem dúvidas de que nela se pretende abranger, para além do aparelho administrativo central, em sentido estrito, os próprios serviços ou órgãos desconcentrados do Estado que não digam respeito à administração local geral ou comum (órgãos locais com competência em domínios específicos) [55]. Um diploma recente, aliás, concretamente voltado para a definição de um conjunto de medidas destinadas a incentivar a fixação na periferia de trabalhadores da função pública, vem tornar

---

está já, todavia, prevista a existência de um representante do Governo, como a seu tempo se salientou.

[54] Cfr. MARCELLO CAETANO, *ob. cit.*, vol. II, p. 184.

[55] Sobre estes órgãos locais especiais, v. M. CAETANO, *ob. cit.*, vol. I, p. 291 e pp. 295-296.

ainda mais explícita esta leitura [56]. Sendo assim, quando as normas relativas à função pública se referem à «administração central», parece certo que também aí incluem uma parte substancial da chamada «administração local do Estado», deixando apenas de fora o pessoal dos governos civis. Com o que se realiza uma aproximação entre o complexo orgânico aqui designado por «administração central» e os órgãos e serviços daquilo que a Constituição designa por «administração directa». Aproximação que não logra a identificação, já que nesta última se abrange, também, o próprio governo civil, como na altura se assinalou.

Quanto à segunda área, tem o legislador, por regra, a preocupação de explicitar que só estão em causa os institutos que revistam a natureza de *serviços personalizados* ou de *fundos públicos*. Assim se exclui uma outra modalidade que a doutrina administrativa portuguesa tradicionalmente considera fazer parte da área global dos institutos: as empresas públicas, ou, mais correctamente, *as empresas públicas de direito público* [57].

---

[56] Decreto-lei n.º 45/84, de 3 de Fevereiro.

[57] MARCELLO CAETANO, *ob. cit.*, v. I, p. 190 e pp. 372 ss.; SÉRVULO CORREIA, *ob. cit.*, pp. 148-149; FREITAS DO AMARAL, *ob. cit.*, pp. 422 ss. Não se trata aqui de toda e qualquer empresa pública, mas tão-só daquelas que gozam de personalidade jurídica de direito público. Repare-se que o diploma definidor das respectivas bases gerais (decreto-lei n.º 260/76, de 8 de Abril) vem distinguir dois tipos de empresas públicas. De facto, à generalidade dessas empresas contrapõe o legislador aquelas que exploram serviços públicos, asseguram actividades relativas à defesa nacional ou exercem a sua actividade em situação de monopólio. As empresas pertencentes a este segundo grupo podem beneficiar de especiais privilégios ou de prerrogativas de autoridade, como podem ainda submeter determinados aspectos do seu funcionamento a um regime de direito público. Diferentemente, as restantes empresas públicas regem-se pelas regras constantes do citado decreto-lei, pelos respectivos estatutos e, subsidiariamente, pelas normas de direito privado. Uma refracção desta dualidade encontra-se, desde logo, na área que aqui nos move. Com efeito, enquanto o estatuto do pessoal da generalidade das empresas públicas deve basear-se no regime do contrato individual de trabalho, já as empresas do segundo grupo podem ver o respectivo pessoal submetido, em certos aspectos, a um regime de direito administrativo, inspirado no estatuto do funcionalismo

Recentemente, o legislador passou a introduzir, neste contexto, uma referência expressa aos *organismos de coordenação económica*[58], para além da já usual menção das modalidades de institutos públicos acima referidas. Redundante explicitação — dir-se-á —, por isso que a qualificação destes organismos como institutos, enquanto particular sub-espécie de «serviços personalizados em sentido estrito» (ou propriamente ditos), vem correspondendo de há muito à orientação tradicional entre nós[59].

De tudo o que vem de dizer-se decorre que se torna impossível uma transposição automática para o campo da função pública dos conceitos com que opera o comum direito administrativo, o mesmo se passando, de resto, com a terminologia constitucional. Os ajustamentos e adaptações, que sempre urge fazer, devem-se, fundamentalmente, a razões ligadas à evolução do direito da função pública, por um lado, e, por outro, a um certo desfazamento entre os novos quadros jurídico-constitucionais e a tradicional dicotomia entre funcionários públicos e funcionários administrativos. Esta dicotomia, que representa, aliás, desde a sua origem, algo de impróprio[60], deixou de ser utilizada pelo legislador, por força das alterações que entretanto se foram introduzindo, a partir de 1974, na estrutura da administração pública. Em sua substituição, passou a operar-se, a nível legal, com os conceitos contrapostos de «administração central» e de «administração local»[61]. Só que, como referimos, tais conceitos ganham aqui um significado particular.

---

público (v. art. 30.º). Sobre este ponto, pode ver-se J. ACÁCIO LOURENÇO, *As relações de trabalho nas empresas públicas*, Coimbra, 1984, pp. 53 ss..

[58] V., por ex., os decretos-leis n.ºs 41/84, 43/84 e 44/84, todos de 3 de Fevereiro.

[59] Cfr., por ex., MARCELLO CAETANO, *ob. cit.*, I, pp. 373 ss.; FREITAS DO AMARAL, *ob. cit.*, pp. 415 ss..

[60] Cfr., *infra*, p. 59, nota (74).

[61] Registe-se, para além disso, que nos diplomas directamente pensados para a administração central é usual conter-se uma disposição mais ou menos

Dir-se-á, e em síntese, que por *administração central* se entende, neste contexto, o complexo orgânico formado não apenas pela quase totalidade dos órgãos e serviços do aparelho estadual hierarquizado, mas também pelos organismos de coordenação económica e demais institutos públicos que revistam a natureza de serviços personalizados ou de fundos públicos. Por seu turno, a *administração local* abrange, aqui, tanto as autarquias locais como os governos civis, no que vai incluída a referência aos funcionários e agentes das federações e associações de municípios e das assembleias distritais [62].

Deste modo, quando, nas páginas que seguem, se faz referência à contraposição entre administração central e administração local, não podemos deixar de ter presente esta conceituação específica. Importa, porém, que se diga que a verdadeira contraposição — aquela que dá *sentido material* ao problema de articulação de estatutos que aqui nos move — é aquela que se estabelece entre *administração do Estado* (com o sentido que acima lhe emprestámos) e *administração autárquica*. As excrecências que, em relação a ela, ainda se mantêm, dentro da dicotomia com que opera o legislador, explicam-se, quer por uma razão de tradição, quer pelo desfasamento entre o ainda existente quadro administrativo e aquele que vai implicado nos dados constitucionais — lembre-se, desde logo, a subsistência (provisória, por definição, em termos constitucionais) da divisão distrital, a par da ainda não efectivada instituição das regiões administrativas, consideradas constitucionalmente como uma das categorias de autarquias locais.

É neste contexto que as palavras que seguem vão pensadas. Como é também nele que se compreenderá a utilização, amiu-

---

do seguinte teor: o regime do presente decreto-lei aplicar-se-á às regiões autónomas, mediante diploma das respectivas assembleias regionais, que o regulamentará, tendo em conta a realidade insular.

[62] Relativamente aos bairros administrativos, cfr., *supra*, nota (51).

dadas vezes, das expressões «administração estadual» e «administração autárquica» por «administração central» e «administração local», respectivamente.

III. A identidade lógico-legal da carreira técnica superior na Administração do Estado e na Administração local

1. *Articulação das normas relativas à administração central com as normas específicas da administração local*

O primeiro dado que se nos oferece, numa análise menos desatenta da estruturação das carreiras da função pública, é o da fundamental identidade da categoria legal «carreira técnica superior» no quadro das duas administrações, a estadual e a autárquica. Esta identidade ou homologia manifesta-se tanto no plano estrutural como no plano funcional. O que parece resultar, com alguma claridade, dos próprios textos legais, sem que se imponham grandes esforços interpretativos. Esforços que, não obstante, faremos, a fim de reforçar o que levamos por acertado.

O diploma definidor dos princípios e critérios gerais que presidem ao ordenamento das carreiras, no âmbito da função pública, é o decreto-lei n.º 191-C/79, de 25 de Junho. É aí que se contém, reportando-nos ao caso presente, a estruturação da «carreira técnica superior», a qual integra as categorias de assessor, técnico superior principal, técnico superior de primeira classe e técnico superior de segunda classe [63]. Por

---

[63] Para uma melhor compreensão do caso, importa situá-lo no contexto global da estruturação das carreiras da função pública.

A *carreira* traduz-se num conjunto de categorias que têm de comum a identidade de funções. O que significa que a carreira se define pela *natureza das funções*, podendo igualmente falar-se aqui em «conteúdo funcional» em

outro lado, ao definir o seu âmbito de aplicação, o decreto-lei explicita que «a aplicação do presente diploma ao pessoal da Administração Local será feita mediante decreto-lei referendado pelos Ministros das Finanças e do Plano e da Administração Interna e pelo Secretário de Estado da Administração Pública» (art. 1.º, 3). O cumprimento deste imperativo legal veio a corporizar-se com a publicação do decreto-lei n.º 466/79, de 7 de Dezembro [64], que, aliás, como tal expressamente se assume, propondo-se assegurar que a *aplicabilidade directa* daquele primeiro diploma às autarquias propicie «um tratamento global tão harmonioso quanto possível da situação do pessoal da Administração Local», atendendo — acrescenta-se — «às especificidades próprias das carreiras e dos diversos cargos de chefia das autarquias locais».

---

sentido genérico. Simplesmente, é possível graduar o todo unitário de uma função, ou de um tipo de funções, a partir de critérios de complexidade, responsabilidade, autonomia e especialização, o que vai permitir diferenciar a concreta exigência funcional *de cada uma das categorias* que compõem uma carreira (e aqui poderá falar-se de «conteúdo funcional» em sentido estrito). Quando isto sucede, diz-se que estamos perante uma carreira *vertical*, por isso que é composta por categorias que se diferenciam entre si pela concreta exigência funcional («conteúdo funcional» em sentido estrito). Há, todavia, carreiras cujas «categorias» apresentam uma igual exigência funcional, para as quais se reserva então a designação de *horizontais*. Dir-se-á assim que, se é possível definir as categorias como os elementos constitutivos da carreira, nem sempre lhes corresponderá uma concreta diversidade de exigência funcional.

Para completar o desenho, importa salientar que as carreiras se inscrevem em genéricos *grupos*, os quais representam a estrutura básica dos diversos *quadros de pessoal*. Estes encontram-se actualmente agrupados, salvo no caso de carreiras especiais, do seguinte modo: pessoal dirigente, pessoal técnico superior, pessoal técnico, pessoal técnico-profissional e/ou administrativo e pessoal operário e/ou auxiliar (cfr. decreto-lei n.º 41/84, de 3 de Fevereiro, art. 7.º). O caso em análise insere-se no grupo «pessoal técnico superior» e, dentro deste, na carreira de «técnico superior», sendo esta constituída, como se disse, pelas categorias de assessor, principal, técnico superior de primeira e técnico superior de segunda.

[64] A vários dos seus artigos foi dada nova redacção pelo decreto-lei n.º 406/82, de 27 de Setembro.

Ora, neste decreto-lei não existe qualquer referência à carreira técnica superior [65]. E a razão deste silêncio é bem simples. Sendo que a exclusiva função do diploma se traduzia na *aplicação* do decreto-lei n.º 191-C/79 à administração local, como expressamente se afirma no preâmbulo, e como, de resto, resultava já do próprio decreto-base, era, porém, óbvio que a concretização de tal propósito impunha ao legislador a consideração da especificidade própria da administração autárquica. Com o que, por outro lado, se limitava, desde logo, a «liberdade» do legislador, vinculado a introduzir alterações tão-só onde alterações se justificassem, o mesmo é dizer, a introduzir especificidades *de regime* onde, e apenas onde, especifidades *de natureza* o impusessem.

É neste contexto que o silêncio da lei se revela esclarecedor. Com efeito, se nenhuma palavra é aí dedicada à carreira técnica superior, só pode atribuir-se ao facto um significado: do ponto de vista do legislador, a sua inserção na administração local não implica qualquer alteração, nem de concepção, nem de regime. A significar que a «carreira técnica superior» se constitui como uma *categoria lógico-legal única*, independentemente do concreto campo administrativo em que vá pensada [66].

---

[65] Nenhuma referência, dizemos, para além, obviamente, da concreta menção da existência, também na administração local, dessa mesma carreira. Afirmando-se no art. 2.º, 1, que as carreiras e categorias do pessoal das entidades e serviços da administração local são as constantes do anexo I do diploma, vamos neste encontrar a carreira técnica superior, integrada pelas mesmas quatro categorias previstas para a administração central.

[66] Tendo presente o que atrás se disse sobre a estrutura organizatória da Administração Pública, refira-se que o diploma a que nos estamos reportando menciona no preâmbulo, o propósito de aplicação à «administração local» ou «administração autárquica» (expressões indistintamente utilizadas), explicitando depois, no seu art. 1.º, que o regime dele constante se aplica «ao pessoal dos governos civis, das administrações dos bairros de Lisboa e Porto, das assembleias distritais, das câmaras municipais e respectivos serviços municipalizados e das federações e associações de municípios». (A sua

Para corroborar o que vem de dizer-se basta ler com atenção o art. 41.º do citado decreto-lei n.º 466/79. Aí se afirma que «em tudo quanto se não tenha disposto de modo especial no presente diploma prevalecerá o disposto nos decretos- -leis n.ᵒˢ 191-C/79, de 25 de Junho, e 191-F/79, de 26 de Junho». Ora, o caso em análise insere-se justamente na *facti- -species* desta norma, pois, como se observou, nenhuma referência específica é aí feita à carreira técnica superior.

Daqui só pode inferir-se que, no nosso direito da função pública, o conceito de «carreira técnica superior» *é um conceito juridicamente unitário*: lógico-analiticamente, mas também no plano valorativo em que se movimentou o legislador, trata-se de uma só e mesma «entidade», independentemente do quadro orgánico-administrativo em que se inscreva. Não há uma carreira técnica superior que seja um *plus* em relação a outra carreira técnica superior, como não há uma «categoria» assim designada que se apresente como um *aliud* em relação a outra com idêntica designação. De resto, se o legislador tivesse querido, para a administração autárquica, uma diversa conceptualização ou uma diversa estruturação dessa «entidade» ou «categoria», é evidente que o teria feito no próprio decreto-lei n.º 466/79, uma vez que o objectivo de tal diploma era justamente introduzir alterações onde se viesse a entender que elas se justificavam. Ora, a verdade é que o legislador o não fez. E, não o fazendo, o sentido de tal omissão só pode ser o inverso daquele hipotético intento: operando uma remissão em bloco para o diploma-base,

---

aplicação ao pessoal das juntas de freguesia veio a ser concretizada pelo decreto-regulamentar n.º 21/81, de 3 de Junho). Por seu turno, o diploma reenviante (decreto-lei n.º 191-C/79) refere-se genericamente, no preâmbulo, à «Administração Pública», vindo a concretizar que as respectivas disposições se aplicam «aos funcionários providos em lugares de quadro dos diversos serviços e organismos da Administração Central e dos institutos públicos que revistam a natureza de serviços personalizados ou de fundos públicos» (art. 1.º).

não só pelo silêncio sobre o ponto em análise como pela própria letra do já citado art. 41.º, limitou-se o legislador, no que à nossa questão diz respeito, a reenviar para aquela «aplicabilidade directa» a que ele próprio, no preâmbulo, faz expressa referência.

2. Identidade no plano estrutural

Do que vem de dizer-se algumas ilações se poderão, desde já, adiantar. Ilações que, de resto, se nada mais representam, no plano estritamente lógico, que a desenvolução daquela inicial impostação da carreira técnica superior como entidade radicalmente idêntica nas duas administrações, não deixam de constituir, por outro lado, na circularidade hermenêutica do discurso, como que os pressupostos jurídico-positivos ou os «dados» que permitem ou apoiam essa representação primeira.

De um ponto de vista *estático-estrutural*, nada distingue a carreira técnica superior nas duas administrações: em ambas se nos depara um *quid* igualmente designado, condicionado à mesma habilitação académica (licenciatura) e internamente estruturado segundo os mesmos quatro escalões: assessor, técnico superior principal, técnico superior de primeira, técnico superior de segunda. Significa isto que uma análise «em suspensão» da estrutura da carreira nos revela uma anátomo-morfologia perfeitamente idêntica em ambos os campos. O mesmo se passa de um ponto de vista *dinâmico-estrutural*: a «mobilidade interna» da carreira, corporizada nas regras de progressão, é igual para as duas administrações. Se determinado funcionário pertence à carreira técnica superior, o acesso à categoria imediata obedece, rigorosamente, *aos mesmos requisitos legais*, faça ele parte da administração do Estado ou esteja ele integrado na administração autárquica.

Sendo assim, se um técnico superior de um qualquer quadro da administração local vier posteriormente a ingressar na administração estadual, no âmbito da mesma carreira (como sucedeu no caso *sub judice*), as regras de acesso aplicáveis, quando aí se levantar, eventualmente, um problema de progressão, permanecem exactamente as mesmas. Por uma razão de evidência: na esfera jurídica desse funcionário sempre estiveram *inscritas* aquelas regras de acesso — ou não fosse ele, de direito, e desde sempre, um «técnico superior», ainda quando ao serviço da administração local. Neste contexto, pretender que o funcionário, uma vez colocado na administração do Estado, começasse a contar do ponto zero o seu tempo de serviço representaria uma solução juridicamente absurda: significaria admitir que ele nunca pertencera à carreira técnica superior, fazendo tábua rasa de toda a sua anterior inserção nessa mesma carreira.

Assistir-se-ia, assim, por exemplo, a este contra-senso: pelo puro facto da sua transição para a administração do Estado, um qualquer funcionário que, desde há mais de quatro anos, se encontrasse integrado na carreira técnica superior veria integralmente apagado ou destruído, de um momento para o outro, todo o tempo durante o qual exercera funções justamente no âmbito da carreira técnica superior. Tal solução como que representaria dar corpo, de um ponto de vista lógico-jurídico, à seguinte asserção: *o titular de um lugar da carreira técnica superior não é titular de um lugar da carreira técnica superior* [67]. É que o problema, aqui, não é o da legitimidade ou ilegitimidade do *ingresso* de um servidor da administração local na administração

---

[67] Não se ignora que, no plano específico do discurso jurídico, bem poderia tal asserção não representar nada de anómalo. Bastaria que razões substanciais, ligadas a um processo de legitimação de diferenciação normativa do idêntico, estivessem na sua base. Mas não é isso que sucede na situação presente, como se vem demonstrando, e como adiante melhor se perceberá quando analisarmos o problema à luz da normatividade constitucional.

do Estado. O problema, aqui, é o de aplicar ou não aplicar *as regras de progressão na carreira* a um funcionário do quadro da administração central. Ele foi em tempos, é certo, servidor da administração autárquica. Mas, hoje, ele é, de corpo inteiro, funcionário da administração do Estado — sendo certo que, quando o foi daquela, *foi-o no âmbito da mesma exacta carreira em que continua, ainda hoje, a inserir-se.*

3. Identidade no plano funcional

Vejamos agora o lado especificamente funcional.

Sendo que a questão se situa no âmbito de uma mesma carreira (à qual correspondem, por definição, funções genéricas da *mesma natureza*) e, dentro desta, no contexto restrito da *área de direito*, importa apenas determinar se ao técnico jurista da administração local corresponde ou não o mesmo *particular tipo de funções* que caracteriza o técnico jurista da administração do Estado. Ora, ao técnico jurista compete a prossecução de atribuições que têm concretamente a ver com o campo do direito, ou, mais rigorosamente, compete-lhe a prossecução daquelas específicas atribuições que, no âmbito do serviço, respeitam *ao domínio de conhecimentos «direito».*

Sendo assim, o «tipo» de conhecimentos que se pressupõe no técnico jurista inserido nos serviços da administração local é o mesmo que se pressupõe no técnico jurista integrado nos quadros da administração estadual. O que equivale a dizer que a ambos corresponde um igual (e específico) «conteúdo funcional». Nem se diga que um se debruça, por hipótese, sobre questões jurídicas de determinado âmbito e outro sobre questões jurídicas de âmbito diferente. É que, dentro de uma mesma *área* (no caso, área de direito), a «função» vem a definir-se pela natureza genérica do domínio de conhecimentos em questão, e não pelo acto mais ou menos singularizado que nela se executa. Do que se trata é de saber se um técnico superior desempenha uma função de jurista ou, por exemplo, uma função de economista — não já de saber se ele se debruça, por hipótese, sobre questões jurídicas relativas ao pessoal em geral, ou apenas referentes ao pessoal da carreira docente, ou tão-só relacionadas com os contratos que o serviço celebra com terceiro, etc..

De resto, e articulando agora a questão do conteúdo funcional com o problema da progressão na carreira, mais um argumento se pode extrair directamente da lei, em favor da orientação que vem sendo defendida. Vejamos.

O art. 2.º, 3, do já citado decreto-lei n.º 191-C/79, faz referência ao conceito de «normal progressão na carreira». E logo no n.º 4 explicita o legislador qual o seu sentido: «Para efeitos do disposto no número anterior considera-se normal progressão na carreira a que resultar da permanência pelo período mínimo de tempo, legalmente exigido, nas diversas categorias ou classes da mesma carreira, *independentemente do serviço e quadro de origem e da designação adoptada*, desde que haja *correspondência de conteúdo funcional*» [68].

Significa isto que, para o legislador, fazem parte do conceito de «progressão na carreira», neste contexto, dois elementos essenciais: *período mínimo de tempo* e *correspondência de conteúdo funcional*. Todos os demais elementos são, para o efeito em causa, irrelevantes, designadamente, o serviço de origem, o quadro de origem e a designação adoptada. Ora, se é o próprio legislador a dizer que não interessa nem o serviço nem o quadro de origem; se é o próprio legislador a considerar que tão-pouco importa a designação adoptada; se é ainda o mesmo legislador a afirmar que, para além do tempo mínimo

---

[68] Sublinhado nosso, naturalmente.

de serviço, apenas releva a correspondência de conteúdo funcional — como será possível argumentar que um técnico superior, nas condições do caso *subjudice*, não pode progredir, desde já, na carreira, sem que simultaneamente se insinue — se não mesmo patentemente se afirme — que ele *não é* um técnico superior? Isto é: como se justificará que o funcionário tenha de regressar ao ponto zero, em termos de tempo de serviço, só porque a sua designação de «técnico superior» se constituía como uma designação dada no interior da administração autárquica?

Repare-se na desrazoabilidade da solução: para um *mero agente*, bastar-lhe-á a correspondência de conteúdo funcional, mesmo que a sua «designação» seja diversa; para um funcionário *do quadro* da administração local, nem a correspondência de conteúdo funcional, nem a identidade de designação lhe serão de qualquer utilidade. Só há uma asserção capaz de traduzir isto: o funcionário *A*, enquanto foi técnico superior, *não foi* técnico superior... Refira-se, aliás, que o argumento se constitui, no caso, como argumento por maioria de razão. Na verdade, o legislador contenta-se com o conteúdo funcional e com o tempo de serviço, sendo que, na situação vertente, estão preenchidos, a mais desses dois requisitos, o da própria «designação adoptada».

Pode assim concluir-se que, face à identidade de conteúdo funcional, seria, a todas as luzes, não só ilógica como desrazoável a solução de considerar colocado no ponto zero, em termos de tempo de serviço, o funcionário que, sediado agora na administração do Estado, tenha anteriormente desempenhado funções, como técnico superior, durante um concreto espaço temporal, nos quadros da administração autárquica.

Um último ponto, todavia, queremos ainda referir, dentro deste contexto. A exigência legal de um período mínimo de três anos para o acesso a categoria superior tem, por certo, subjacente uma certa *ratio*. Que só poderá ser esta: entende o legislador que três anos de serviço dão ao funcionário uma «profissionalização» (no sentido de uma «prática profissional») necessária e suficiente para se poder admitir, em tese geral, a sua subida à categoria imediatamente superior. Ora, ao funcionário que veio da administração autárquica para a administração estadual, trazendo consigo um determinado tempo de serviço, *não se lhe pode destruir esse tempo*, por isso que na sua esfera jurídico-pessoal se inscreve já uma certa *prática profissional*: aquela prática profissional que, medida em tempo, a lei exige para o acesso à categoria imediatamente superior. Destruir ou ignorar essa prática seria ter por inexistente um «bem jurídico» já inscrito na titularidade do funcionário.

Podemos sintetizar agora, rapidamente, as conclusões que se foram alcançando ao longo deste número. Deste modo:

1.º — A carreira técnica superior constitui-se, no quadro da administração do Estado e da administração autárquica, como uma só e mesma «entidade», tanto no plano estático-estrutural, como no plano da sua mobilidade interna, como ainda no plano funcional.

2.º — A unidade lógico-categorial postula uma unidade ou uniformidade de tratamento, a significar a inadmissibilidade de uma dissimilitude de valoração no aspecto que aqui especificamente nos move, o da progressão na carreira: não é possível dar ao caso uma solução que implique, na prática, a consideração de que o tempo de serviço de um técnico superior da administração autárquica não é «tempo de serviço».

3.º — Deste modo, o técnico superior que, colocado agora na administração do Estado, tenha anteriormente exercido funções nos quadros da administração local tem direito a que o tempo de serviço prestado nesta última seja tido em conta, para efeitos de progressão, no âmbito da respectiva carreira.

IV. O problema à face da Constituição

§ 1.º

O «DADO» CONSTITUCIONAL DE UM PRINCÍPIO DE EQUIPARAÇÃO

1. *A alteração do art. 244.º, introduzida pela revisão constitucional*

O que vem de dizer-se seria, por si só, suficiente, ao que julgamos, para fundamentar a solução aqui defendida, relativamente ao concreto problema em análise. Actualmente, porém, a questão torna-se muito mais clara, em face do texto constitucional saído da recente revisão. Aliás, o novo texto permite mesmo ir mais longe do que aquilo que, para o caso, seria estritamente necessário. Mas, vamos por partes.

O art. 244.º, 2, da Constituição, na sua redacção actual, afirma o seguinte: «É aplicável aos funcionários e agentes da administração local o regime dos funcionários e agentes do Estado».

Comece por notar-se que o texto do actual art. 244.º, no seu todo, é um texto *radicalmente novo* em relação ao antigo art. 244.º. E esta radical novidade, se bem se reparar, não diz apenas respeito ao *conteúdo* em si, mas também ao próprio *objecto temático* do artigo: contém-se no n.º 2 a resposta constitucional a um «tema» ou «problema» que nem sequer era pressentido pelo antigo art. 244.º. Daí que possa afirmar-se que a disposição em análise, depois de revista, mais do que dar «solução» diferente a uma questão já anteriormente equacionada em sede constitucional, pretende, antes, estatuir sobre um «problema novo». O que, aliás, se torna patente através de uma leitura cotejada das duas redacções em questão, a antiga e a actual.

Os n.ºs 1 e 2 são de todo novos. O n.º 3 é apenas novo na «solução», uma vez que o «problema» aí contido já havia sido equacionado, ainda que de modo imperfeito, pelo legislador constituinte de 1976: como deve ser prosseguido, por parte do Estado, o objectivo de apoiar e auxiliar as autarquias locais. Temos assim que o *único* tema do antigo art. 244.º está agora integralmente contido no actual n.º 3 (se bem que com resposta diversa). Os outros dois números configuram domínios temáticos em absoluto novos. Compreende-se, deste modo, uma afirmação como a do deputado JORGE MIRANDA, aquando da discussão do assunto no seio da Comissão Eventual de Revisão Constitucional: «(...) este novo art. 244.º representará um avanço muito significativo no confronto com o art. 244.º actual» [69]. Mas debrucemo-nos concretamente sobre o n.º 2, por ser aquele que directamente tem a ver com a questão em análise.

2. *O conceito de «funcionário público» nos trabalhos da Comissão Eventual de Revisão Constitucional*

No seio da Comissão Eventual de Revisão Constitucional — comece por salientar-se — veio a tornar-se pacífico o entendimento segundo o qual se integram dentro do conceito de «funcionário público» tanto os servidores do Estado como os servido-

---

[69] *Diário da Assembleia da República*, II série, supl. ao n.º 50, p. 1062 (9). Aliás, o preceito primitivo, que se referia à organização de um «quadro geral de funcionários» no âmbito do Ministério da Administração Interna, para além de suscitar equívocos e dificuldades de interpretação, não encontrava suficiente justificação para a sua sediação constitucional — se descontarmos a vaga intenção de coadjuvar as autarquias locais (intenção que transitou, em termos aproximados, para o n.º 3 do texto actual, mas remetendo-se, e bem, a respectiva concretização para a lei ordinária). Por isso mesmo propunham BARBOSA DE MELO e VIEIRA DE ANDRADE a sua eliminação pura e simples (BARBOSA DE MELO/CARDOSO DA COSTA/VIEIRA DE ANDRADE, *Estudo e Projecto de Revisão da Constituição*, Coimbra, 1981, p. 279), o que, em bom rigor, veio a suceder, já que, como se refere em texto, e exceptuando aquele incolor propósito de auxílio, tudo o mais é, no texto actual, *assunto novo*.

res das autarquias locais. O deputado Jorge Miranda, justamente ao propor o texto da disposição que estamos a analisar, afirma claramente: «Far-se-ia, pois, uma distinção, porque *funcionários e agentes públicos, hoje, deve entender-se que são os funcionários de quaisquer entidades públicas, e não apenas do Estado.* É a eles que se referem vários preceitos sobre Administração Pública» [70].

Esta intervenção inseria-se no contexto da discussão sobre os termos de uma proposta para o n.º 2, então em análise, do seguinte teor: «É aplicável aos trabalhadores da administração local o regime dos trabalhadores da Administração Pública». Havendo acordo quanto ao fundo da questão (equiparação de regime), foi, porém, vivamente criticada a redacção proposta, ao contrapor a expressão «administração local» à expressão «administração pública», já que, como aí foi salientado pelo deputado Vital Moreira, *da administração pública todos eles o são,* isto é, tanto os servidores da administração pública estadual como os servidores da administração pública local [71]. Deste modo, em vez da proposta inicial, e apesar de uma intervenção

---

[70] *DAR*, cit., p. 1062 (10) (sublinhado nosso).

[71] *DAR*, cit., p. 1062 (9). A questão tem a ver com a própria ideia de função pública, reportada, em termos latos, à actividade exercida ao serviço de pessoas públicas, desde que não submetida a um regime de direito privado. Saliente-se, a propósito, que a revisão constitucional veio tornar clara a distinção entre um «direito de acesso à função pública» (art. 47.º, 2) e um «direito de acesso a cargos públicos» (art. 50.º, 2), direitos que só a custo se poderia presumir conjuntamente englobados no anterior n.º 4 do art. 48.º, que se referia a um direito de acesso «às funções públicas»: o conteúdo dos vários números desse artigo, bem como a sua própria epígrafe («participação na vida pública») inculcavam a ideia de se tratar apenas de um direito de natureza *política*, como direito de acesso a cargos públicos, não já um direito de carácter *pessoal*, ligado à liberdade de escolha de profissão (art. 47.º). Sobre a caracterização da «relação de emprego» que se institui no âmbito da função pública, pode ver-se J. L. Pereira Coutinho, *A relação de emprego público na Constituição. Algumas notas,* in «Estudos sobre a Constituição», vol. III, **pp.** 689 ss., e Jorge Leite, *Lições de Direito do Trabalho e da Segurança Social,* Coimbra, 1980, polic., pp. 118 ss..

discordante do deputado AMÂNDIO DE AZEVEDO [72], veio a vingar a redacção apresentada pelo deputado JORGE MIRANDA, em relação à qual, aliás, foi proferida pelo próprio a afirmação acima transcrita [73].

Neste momento, porém, nem sequer nos interessa, em boa verdade, a delimitação rigorosa do conceito de funcionário público, em termos de determinar se nele cabem ou não os servidores da administração local [74]. Basta-nos, com efeito,

---

[72] O deputado AMANDIO DE AZEVEDO exprimiu a opinião de que no conceito de funcionário público *em sentido estrito* (a expressão é sua) não se encontra abrangido o funcionário da administração local (*DAR, cit.*, p. 1062(9)). Para além da *nuance* restritiva, que obviamente diminui a eventual força do argumento no contexto que aqui nos move, importa realçar que a intervenção do deputado se processou na parte inicial da discussão, antes, portanto, das intervenções clarificadoras de outros deputados, as quais vieram a ser decisivas para a adopção do texto final. De tal modo que a redacção do actual art. 244.º, 2, corresponde, na íntegra, ao texto então proposto por JORGE MIRANDA (com a mera substituição — irrelevante, no contexto — da expressão «autarquias locais» por «administração local»). Acrescente-se ainda que, na sequência da intervenção deste último deputado, foi expressamente salientada a conveniência de ficar claro, no n.º 2, «que os trabalhadores da administração local são também trabalhadores da Administração Pública e que o que se pretende equiparar é o regime, e não pôr em causa que eles são trabalhadores da Administração Pública» (*DAR, cit.*, p. 1062 (10)).

[73] Cfr. nota (69).

[74] Se virmos bem, as coisas não se alteram na sua substância — ainda que possam surgir como diferentes ao nível terminológico ou, porventura, ao nível do enfoque utilizado —, se nos colocarmos no quadro dogmático anterior à actual Constituição e à dispersa legislação ordinária atinente à função pública posterior a 1974.

Partindo-se da noção global de *agente administrativo*, visto como a pessoa que, por qualquer título, exerce actividade ao serviço de pessoas colectivas de direito público, sob a direcção dos respectivos órgãos (MARCELLO CAETANO, *ob. cit.*, vol. II, 9.ª ed., 1980 (reimpressão), p. 641), opera-se, de seguida, uma distinção entre *funcionários* e *não funcionários*. A distinção passa, dominantemente, pelo critério da *profissionalidade*, sendo esta aferida por vários índices: provimento em lugar permanente, remuneração por vencimento arbitrado por lei para a ocupação por tempo completo e voluntariedade do exercício da função. É neste quadro que MARCELLO CAETANO propõe a seguinte noção de funcionário: *«agente administrativo provido por nomeação vitalícia voluntariamente aceite ou por contrato indefinidamente renovável, para servir*

a «materialidade» do regime estabelecido pelo n.º 2 do art. 244.º. É que esta norma consagra um global *princípio de equiparação* entre funcionários e agentes da administração local e funcionários e agentes do Estado — princípio que é suficiente, por si só, para justificar, de modo cabal, a solução que vimos defendendo para o específico problema aqui levantado: o da explicitação prática do conceito legal de «tempo de serviço». Vejamos.

3. *Princípio da equiparação e coerência valorativa do sistema*

Flui da leitura do art. 244.º, 2, que, a partir da revisão constitucional, passa a vigorar entre nós, relativamente aos

---

por tempo completo em determinado lugar criado por lei com carácter permanente, segundo o regime legal próprio da função pública» (*ob. cit.*, p. 672). Deste modo, ficam excluídas do conceito de funcionário, segundo o autor, todos os agentes administrativos não profissionais, como os agentes políticos, agentes em comissão, agentes provisórios, estagiários, etc., bem como os agentes em regime de direito privado, isto é, os indivíduos que prestam serviço a uma pessoa colectiva de direito público, no regime comum de contrato de trabalho ou de contrato de prestação de serviço.

Retirando de tudo isto apenas aquilo que especificamente releva para o nosso propósito, importa salientar dois pontos: por um lado, torna-se inquestionável a inserção do servidor da administração local na categoria de *funcionário*, tal como aparece definida pelo autor citado; por outro, resulta claro que é esta categoria que está subjacente (e não um específico e restrito conceito de funcionário «público») à formulação do conjunto de direitos e deveres definidores do estatuto de quem exerce actividade, com carácter de profissionalidade, no quadro da função pública — veja-se, desde logo, a noção dada por M. CAETANO, na qual o autor, procurando definir funcionário *tout court*, expressamente o coloca no campo da *função pública*. De resto, o mesmo autor acrescenta adiante: «Na linguagem corrente distingue-se ainda, *embora sem propriedade*, entre os funcionários, aqueles que servem o Estado e aos quais é normalmente atribuída a designação de *funcionários públicos*, dos que são servidores das autarquias locais ou das secretarias dos governos civis e das administrações de bairros, que se designam por *funcionários administrativos* por terem o seu estatuto no Código Administrativo» (*ob.cit.*, p. 684; sublinhado nosso em «embora sem propriedade»). Resulta assim evidente, mesmo já no quadro dogmático anterior à actual situação normativa, a ausência de qualquer fundamento *material* para uma exclusão liminar dos servidores da administração local do conceito de funcionário público.

servidores da administração estadual e local, aquilo que poderemos designar por *princípio da equiparação*. Com este preciso sentido: *apicam-se, como regra, aos funcionários e agentes da administração autárquica as disposições relativas aos funcionários e agentes da administração do Estado*.

Não significará isto, obviamente, que o legislador ordinário esteja em definitivo impedido de estatuir de modo diverso para a administração local. Nem tão-pouco que todas e quaisquer normas referentes à administração central se apliquem automaticamente à administração autárquica. De modo nenhum. Não quis o legislador ir, por certo, contra a «natureza das coisas», se assim nos podemos exprimir: o referido princípio, como «princípio» aplicável ao «real», conterá, decerto, por si e pelo real, limites intrínsecos. Limites que não será difícil determinar, analiticamente: por um lado, não se aplicarão aos servidores da administração autárquica as disposições referentes à administração estadual que, *pela sua razão de ser*, não se lhes devam considerar extensivas; por outro, ficará aberta ao legislador ordinário a possibilidade de fixar normas especiais para os funcionários da administração local, sempre que a *especificidade* da situação, por força da sua inserção no contexto desta última, o justifique.

O que a Constituição pretende é fixar, *como regra*, a equiparação de regime, naturalmente porque coloca todos os funcionários num plano de idêntico mérito ou, mais do que isso, num radical plano de *igualdade* [75]. Daí que possa dizer-se que lhes

---

[75] No plano da justiça distributiva, a atribuição de participações no *bonum commune* pode fazer-se, sem ofensa do princípio da justiça, concedendo aos membros de um determinado «todo» ou «grupo» diferentes direitos ou direntes encargos, desde que se respeite o critério do mérito, pois que assim se realiza a igualdade como «medida igual», isto é, a igualdade proporcinal segundo a medida do mérito (cfr. H. HENKEL, *Einführung in die Rechtsphilosophie*, 2.ª ed., München, 1977, pp. 403-404). Ora, o legislador constituinte, ao determinar que aos servidores da administração do Estado e da admi-

corresponde *um igual estatuto jurídico-constitucional*. Mas não estará já nos seus propósitos, obviamente, ignorar a eventual especificidade das situações: se dada norma foi pensada para a administração central em razão de uma qualquer «situação» que, pela sua natureza ou pela sua inserção em um certo e determinado contexto, não se afigura repetível na administração autárquica, torna-se evidente a impossibilidade da sua aplicação aos funcionários desta última; do mesmo passo, se no âmbito da administração local se verifica um qualquer «dado» que não tem símile na administração do Estado, nada obsta a que o legislador elabore, para ele, uma específica e exclusiva norma. Um ponto fica, porém, claro: a regra é a de que o regime é o mesmo para os funcionários de ambas as administrações. O que tem um alcance prático nada despiciendo: em tudo quanto se não disponha em contrário, aplicar-se-ão aos servidores da administração autárquica as disposições relativas aos funcionários da administração estadual, exceptuadas aquelas que, pela sua razão de ser, não se lhes devam considerar extensivas. Sendo assim, não será legítimo ao intérprete, no que se refere ao funcionário autárquico, estabelecer um *limite*, fixar uma *restrição*, impor uma *especificidade* onde o legislador os não tenha querido — ou expressamente, através de uma concreta norma, ou implicitamente, através da teleologia da disposição em análise.

Tudo o que significa como que uma *inversão* da tendência que, de um modo difuso, e com base em dados jurídico-constitucionais diversos dos de hoje, se foi lentamente criando e mantendo entre nós. Não se trata mais de indagar, em primeira

---

nistração local se aplica o mesmo regime — com o que implicitamente lhes assinala os mesmos direitos e os mesmos deveres —, mais do que reconhecer-lhes uma simples igualdade de «merecimento», está a afirmar, no genérico plano constitucioal, uma sua radical igualdade, pois que não equaciona sequer a abstracta possibilidade de igualar desigualando, segundo o critério do mérito.

linha, se determinada norma, directamente aplicável à administração do Estado, poderá ou não ser aplicada à administração autárquica, mas, antes, de descobrir se o legislador *estatuiu ou quis estatuir de modo diverso para esta última*. O ponto de partida é, assim, o de que toda e qualquer norma se aplica às duas administrações, só em casos excepcionais sendo legítimo chegar a conclusão diversa. Não se argumente, pois, que, a partir da regra fixada no art. 244.º, haverá necessidade de aguardar que o legislador ordinário promulgue uma ou várias leis que venham torná-la exequível. Com efeito, a situação jurídico-constitucional aqui configurada é exactamente a inversa: o regime é, em princípio, o mesmo, só excepcionalmente se admitindo que possa ser diferente. E, mesmo aí, isto é, na excepção, só quando a diversidade de regime se apoie numa *fundamentação material legítima*, ou seja, quando se conexione com a «especificidade» que o concreto ponto considerado possa adquirir no contexto da administração autárquica.

Tenha-se presente, por outro lado, que a *unidade do sistema jurídico* se constitui como um dos elementos de interpretação a que a nossa lei faz expressa referência (art. 9.º, 1) [76]. Elemento que, de resto, sempre haveria que considerar, por força do princípio da *coerência interna* ou *valorativa* da ordem jurídica. Ora, sendo assim, mesmo que a solução da irrelevância do tempo de serviço prestado na administração local fosse de aceitar em face do texto inicial da Constituição (o qual não continha, como sabemos, qualquer referência expressa ao regime dos funcionários autárquicos), não mais seria sustentável no novo

---

[76] Cfr. ANTUNES VARELA, *Do Projecto ao Código Civil*, «Boletim do Ministério da Justiça», n.º 161, 1966, pp. 20-27 (comunicação do Ministro da Justiça à Assembleia Nacional, aquando da apresentação do Projecto do Código Civil; ANTUNES VARELA-PIRES DE LIMA (com a colaboração de M. HENRIQUE MESQUITA), *Código Civil Anotado*, I vol., 3.ª ed., Coimbra, 1982, pp. 57 ss.; BAPTISTA MACHADO, *Introdução ao direito e ao discurso legitimador*, Coimbra, 1983, pp. 188 ss..

quadro constitucional. Com efeito, o legislador constituinte, ao introduzir no tema em análise uma norma como a do art. 244.°, 2, fez incorporar no sistema uma *explícita intencionalidade:* a de uma fundamental equiparação entre os servidores das duas administrações. Deste modo — e admitindo que tal intencionalidade fosse até então inexistente —, a interpretação da norma que fixa em três anos o tempo de serviço exigido para a promoção (norma que continua em vigor) [77] haverá *agora* que pautar-se pelo novo referente de sentido incorporado na ordem jurídica global [78]. No caso, torna-se até mais impressiva a imposição de referência ao todo do ordenamento, pois que se trata, afinal, de actuar dentro dos quadros da *interpretação conforme a constituição* [79].

---

[77] «O acesso à categoria superior fica condicionado (...) à permanência de um mínimo de três anos na categoria imediatamente inferior» (art. 2.°, 1, *b*), do decreto-lei n.° 191-C/79).

[78] Isto é assim por duas ordens de razões. Por um lado, como acentua ENGISCH, a *conexidade* ou *coerência lógico-sistemática* não se liga apenas ao significado dos conceitos jurídicos em cada concreto contexto de ideias, nem tão-pouco exclusivamente à colocação meramente extrínseca de uma regra jurídica no texto da lei. Essa conexidade «refere-se, antes, em último termo, à plenitude do pensamento jurídico latente na regra jurídica individual, com a sua multiplicidade de referências às outras partes constitutivas do sistema jurídico global» (*Introdução ao pensamento jurídico*, 3.ª ed., 1977, trad. de BAPTISTA MACHADO, p. 114). Deste modo, a interpretação da norma em análise não pode deixar de se reportar à intencionalidade explicitada no art. 244.°, 2, da Constituição. Por outro lado, embora não se tratando, no caso, rigorosamente, de um *Wandel der Normsituation* — o qual se constitui como um dos factores susceptíveis de conduzir a uma modificação da interpretação anterior —, a verdade é que se configura aqui uma situação convizinha: a necessidade de adequação do direito pré-constitucional aos princípios constitucionais (cfr. K. LARENZ, *Methodenlehre der Rechtswissenschaft*, 4.ª ed., Berlin/Heidelberg/New York, 1979, p. 340), a qual pode dar origem a uma nova interpretação. A norma de que nos vimos ocupando é, de facto, anterior à revisão do texto constitucional, onde se veio incorporar o já referido princípio de equiparação, constante do actual art. 244.°, 2.

[79] Note-se, porém, que a norma em causa possui um sentido literal que, à partida, não é unívoco. De facto, quando ela se refere a «um mínimo de três anos» uma pura leitura gramatical permite, de antemão, uma interpretação

Tudo a significar que o espaço de três anos constante do enunciado verbal da norma, pela sua ligação ao estrato intencional de uma fundamental equiparação de estatuto entre todos os funcionários, haverá que ir entendido como o período de tempo durante o qual alguém exerceu funções *na administração*, independentemente do concreto quadro orgânico em que esse tempo se «actualizou» ou concretizou.

É na presença de todos estes dados — regressando agora mais de perto ao ponto que nos ocupa — que não se antevê a possibilidade de ignorar ou destruir o tempo de serviço que um funcionário, hoje colocado na administração estadual, tenha prestado, imediatamente antes, na administração autárquica, no contexto de uma mesma carreira. Isso significaria, na verdade, negar em absoluto não apenas o espírito da Constituição, como até a sua própria letra. É que, desde logo, não se vislumbra no nosso ordenamento qualquer disposição que explicitamente

---

mais restritiva (relevam — mas só relevam — os anos de serviço que tenham sido actuados no interior da administração estadual) e uma interpretação mais extensiva (relevam os anos de serviço actuados no campo da administração pública em geral, e, portanto, também, o tempo de serviço prestado no âmbito da administração autárquica). Deste modo, a interpretação que seguimos *não vai contra* o sentido literal directamente resultante da interpretação *gramatical* da norma. Apenas sucede que, de entre os dois sentidos literais possíveis, escolhemos aquele que julgamos conduzir à compatibilidade da norma com a Constituição. Mas, se isto é assim, esta «interpretação conforme a constituição» move-se ainda nos quadros da *interpretação sistemática*, sendo ela afinal quem, em definitivo, decide. Com efeito, a ideia da «interpretação conforme a constituição» limita-se, aqui, a fazer com que a interpretação sistemática venha coadjuvar a simples interpretação gramatical. Como acentua ENGISCH (*ob. cit.*, p. 120), o que há aqui de particular é o facto de a referência do sentido de cada norma ao ordenamento jurídico global (cfr. o que se disse na nota anterior) «render tributo simultaneamente à elevada hierarquia e à grande capacidade irradiante da Constituição». Sobre o princípio da interpretação conforme a constituição, v., entre nós, GOMES CANOTILHO, *Direito Constitucional*, 3.ª ed., Coimbra, 1983, pp. 244 ss., e *Constituição dirigente e vinculação do legislador*, Coimbra, 1982, pp. 404 ss. Cfr. também, *infra*, pp. 81 ss..

imponha a solução defendida pelo Tribunal na sua primeira decisão, isto é, uma norma que determine a «não validade», para efeitos de progressão, do tempo de serviço prestado na administração autárquica. Não existindo tal norma, só resta aplicar as regras gerais, regras que são, constitucionalmente, as estabelecidas, de modo directo e imediato, para os funcionários da administração do Estado (*regime-regra*). Deste modo, não é legítimo invocar a *ausência de lei* para apoiar a solução da irrelevância do tempo de serviço «autárquico». Bem ao invés, tornar-se-ia imprescindível indicar uma concreta norma que explicitamente consagrasse tal irrelevância. Ora, a primeira decisão do Tribunal inscrevia-se justamente neste quadro interpretativo de «ausência de lei»: nenhuma disposição legal era invocada, apenas se adiantando corresponder a decisão à orientação constante do Tribunal.

O que vem de dizer-se acaba, de algum modo, por ser corroborado pelo art. 269.º da Constituição. Sob a epígrafe «regime da função pública», contêm-se aí regras que abrangem todos os servidores da administração, seja ela estadual ou autárquica. A expressão «trabalhadores da Administração Pública e demais agentes do Estado e outras entidades públicas» terá de interpretar-se no sentido de abranger todas as pessoas que prestam serviço na administração pública, entendida esta no seu mais amplo sentido. De resto, como claramente resulta das discussões travadas tanto no seio da Comissão Eventual de Revisão Constitucional como no plenário da Assembleia da República [80], o que aí estava em jogo era a contraposição dicotómica entre «estatuto de trabalhadores da administração» e «estatuto dos restantes trabalhadores». Ora, no contexto, torna-se óbvio que no primeiro estatuto se pretendia abranger, *também*, o funcionário da autarquia

---

[80] Cfr. *DAR*, II série, supl. ao n.º 64, pp. 1232 (30) ss., e *DAR*, I série, n.º 125, pp. 5269 ss..

local, pois, de outro modo, seríamos forçados a admitir, absurda-
mente, um *tertium genus* de «trabalhador»: o funcionário da administração autárquica [81].

[81] Repare-se nesta coisa singular que é a existência, no texto constitucional, de designações diversas para exprimir a mesma realidade. De facto,
se no art. 271.º se mantém a primitiva designação de «funcionários e agentes
do Estado e das demais entidades públicas», já no actual art. 269.º se encontra
terminologia diferente: «trabalhadores da Administração Pública e demais
agentes do Estado e outras entidades públicas». A divergência tem a ver com a
flutuação das votações no plenário da Assembleia da República, aquando da
revisão constitucional. Simplificando, tratava-se de substituir a expressão
«funcionário» pela expressão «trabalhador». Mas, com isto, pretendia-se algo
mais, obviamente, que uma pura alteração de *nomen iuris*. Concretamente,
o que estava em causa era a própria compreensão do estatuto de funcionário.
Tinha-se em vista, fundamentalmente, uma ideia de equiparação, no plano
constitucional, entre o estatuto de servidor da administração e o estatuto
de trabalhador comum (cfr. *DAR*, locs. cits. na nota anterior). Porém,
se atendermos ao restrito contexto em que surge equacionado (redacção dos
arts. 269.º e 271.º) e à debilidade do suporte em que parece querer apoiar-se
(alteração terminológica), um tal objectivo aparece como demasiado ambicioso
— sobretudo se, ademais disso, tivermos em atenção que o condicionalismo
da administração pública sempre haverá de projectar-se em sensíveis especificidades de regime, no que diz respeito ao estatuto de funcionário.

O que não significa que a circunstância de a questão se inserir na área das
tradicionalmente designadas *relações especiais de poder* possa fundamentar um qualquer espaço livre de juridicidade, e, por aí, atingir-se mesmo o domínio de pro-
tecção dos direitos fundamentais. Há muito que se iniciou o processo de subordinação ao direito dessa «última coutada em que se refugiou o Estado de polícia»
(R. EHRHARDT SOARES, *Direito Administrativo*, Coimbra, 1978, polic., p. 94),
podendo mesmo dizer-se que a própria designação reenvia para uma representação das relações Estado-indivíduo não mais consentânea com a fórmula
política da nossa época. Por isso mesmo se tem já tentado substituir a expressão
«relações especiais de poder» por «relações jurídicas especiais» ou «estatutos especiais» (cfr. VIEIRA DE ANDRADE, *Os direitos fundamentais na Constituição Portuguesa de 1976*, Coimbra, 1983, p. 243, nota (59), citando HENKE e KOESTER).
Por outro lado, iniciado o processo de jurisdicização pelo campo dos direitos fundamentais, foi justamente *no domínio da função pública* que se deu um passo
decisivo, como salienta R. EHRHARDT SOARES (*Princípio da legalidade e administração constitutiva, cit.*, p. 186), através da identificação de dois tipos de relações:
a «relação de serviço» ou «relação fundamental» (*Grundverhältnis*) e a «relação
orgânica» ou «relação de funcionamento» (*Betriebsverhältnis*) — com o que se
procurava submeter ao império do ordenamento externo a primeira daquelas
relações (o funcionário como pessoa, como ente autónomo), deixando a segunda

Sintetizemos agora o que vem de dizer-se ao longo deste parágrafo:

1.º — O regime-regra dos servidores da administração pública é o regime fixado para os funcionários da administração do Estado, vigorando assim, quanto aos funcionários da administração local, o que poderemos designar por *princípio da equiparação*, com o que se pretende significar que lhes são aplicáveis, em regra, as disposições relativas àqueles.

2.º — Só assim não será quando a lei expressamente dispuser de forma diversa ou quando as normas em análise, pela sua razão de ser, não se devam considerar extensivas à administração autárquica.

3.º — A revisão constitucional, ao consagrar uma norma como a do art. 244.º, 2, tornou explícita no sistema uma certa intencionalidade, a da equiparação dos servidores da administração local aos servidores da administração do Estado; deste modo, a interpretação das normas anteriores haverá agora que pautar-se, por força do *princípio da coerência valorativa*, pelo novo referente de sentido incorporado na ordem jurídica global

---

subordinada à disciplina interna (o funcionário visto na sua qualidade de órgão) (cfr. ULE, *Das besondere Gewaltverhältnis*, «Veröffentlichungen der Vereinigung der Deutschen Staatsrechtslehrer», 15.º, p. 153).

Se regressássemos à «pequena história», diríamos que a referida divergência terminológica, no texto constitucional, tem a ver com esta coisa simples: aquando da revisão constitucional, proposta a substituição da expressão «funcionários» pela expressão «trabalhadores da Administração Pública», no contexto do actual art. 269.º, foi ela aceite pelo plenário; dias depois, o mesmo plenário recusou introduzir igual alteração na redacção do ar . 271.º, para isso bastando a abstenção de um dos partidos que antes haviam votado aquela substituição. Divergência se manifesta ainda no art. 244.º, 2, já nosso conhecido, onde se optou pela expressão «funcionário». Não vá, aliás, sem lembrar-se que, representando este n.º 2 um texto totalmente novo, foi ele aprovado, e por unanimidade, justamente no decurso de uma revisão constitucional que a si própria se colocou o problema — necessariamente global — de substituição do conceito de «funcionário» pelo conceito de «trabalhador da Administração Pública» ...

4.º — Em face de tudo isto, deverá ser tida como inconstitucional a decisão de recusar validade ou relevância ao tempo de serviço prestado na administração autárquica, para efeitos de progressão, no interior da administração do Estado, quando o funcionário tenha entretanto passado a fazer parte dos quadros desta última, no âmbito de uma mesma carreira.

§ 2.º — PRINCÍPIO DA IGUALDADE

1. Critério material da igualdade

A solução que vem sendo defendida encontraria uma suficiente fundamentação constitucional, em articulação com a legislação ordinária, no quadro das disposições da lei fundamental até aqui invocadas. Sai ela, porém, reforçada, se entrarmos em linha de conta com o *princípio da igualdade*. Dir-se-á até que, mesmo ignorando as disposições constitucionais específicas até ao momento consideradas, idêntica solução se lograria, ao que julgamos, através da só consideração daquele princípio.

Arrancando da clássica fórmula da «igualdade perante a lei», o princípio da igualdade vai hoje comummente entendido não apenas no sentido de uma igualdade formal, a exigir uma igual aplicação da lei a todos os cidadãos, como ainda no sentido de uma igualdade material, anteposta à própria lei e referenciada a um critério substancial, aferidor, ele próprio, da *igualdade da lei*. Deste modo, a igualdade *perante a lei* vem a volver-se, afinal, em uma igualdade *na lei*, ou, se quisermos, em uma igualdade *através da lei*, ou, ainda, e bem compreendidas as coisas, em uma igualdade *do direito*.

Importa, porém, especificar que, do princípio da igualdade, tão-só aqui nos interessa a sua perspectiva ou o seu sentido *estritamente jurídico*, não curando, portanto, agora do seu significado directamente *político-jurídico* [82], por não relevante, de modo imediato, para o caso em apreço.

Não podendo, decerto, a igualdade aspirar a uma paridade absolutizada, como que a uma *identidade* [83], em termos de tratamento igual de todos em todas as circunstâncias, o princípio da igualdade vem a projectar-se na exigência de que o igual seja tratado igualmente e o desigual desigualmente [84].

---

[82] Sobre o sentido político-jurídico do princípio da igualdade, através do qual se corporiza, no quadro constitucional, uma certa intenção ideológico-normativa, que vai refractar-se, de modo imediato, na área do jurídico, e distinguindo-o de um seu sentido estritamente jurídico (ou axiológico-jurídico), v. A. CASTANHEIRA NEVES, *O instituto dos «assentos» e a função jurídica dos Supremos Tribunais*, sep. da «Revista de Legislação e de Jurisprudência», Coimbra, 1983, pp. 121-148; cfr. também, quanto ao significado constitucional do princípio, agora na perspectiva da sua articulação com a questão da força dirigente normativo-programática de uma constituição, J. J. GOMES CANOTILHO, *Constituição dirigente e vinculação do legislador*, Coimbra, 1982, pp. 380-392.

[83] O fundamental pressuposto lógico do juízo de igualdade é uma pluralidade de objectos, assim se distinguindo do *juízo de identidade*, cujo pressuposto se analisa num só objecto (cfr. K. HESSE, *Der Gleichheitsgrundsatz im Staatsrecht*, «Archiv des öffentlichen Rechts», 77.°, p. 172). Como acentua WINDELBAND (citado por HESSE), a igualdade é uma *relação* em que se contrapõem objectos diferentes. Cfr. também GÜNTER DÜRIG, *Gleichheit*, Staatslexikon, III, pp. 983 ss..

[84] Desde ARISTÓTELES que esta exigência se incorporou, de modo absoluto, no pensamento jurídico, a ponto de se identificar a igualdade, assim relativizada, com a própria ideia de justiça. Articulando-a justamente com o princípio da justiça, pode ver-se, por todos, H. HENKEL, *Einführung in die Rechtsphilosophie. Grundlagen des Rechts*, 2.ª ed., München, 1977, pp. 395-396, 400-401 e 415-416. A ligação entre a ideia de igualdade e a ideia de justiça é, de resto, um tópico recorrente na herança cultural europeia. Já os pitagóricos referiam a justiça à igualdade, ainda que a uma igualdade puramente quantitativa ou aritmética. É criticando este registo meramente matemático que ARISTÓTELES põe o acento tónico na igualdade como correspondência de valores, vindo a identificar o justo, na sua essência, com o igual (*Ética a Nicómaco*, liv. V e liv. II, 5). A mesma linha de pensamento se encontra em S. TOMÁS: «Generalis forma iustitiae est aequalitas» (*Summa Theologica*, 2-2, 9.61, a. 2); cfr. também 2-2, 9.57, a. 1: «Iustitiae proprium est inter alias virtutes, ut ordinet hominem in his quae sunt ad alterum. Importat enim aequalitatem quamdam...»; e 2-2, q. 58, a. 2: «Cum nomen iustitiae aequalitatem importet, ex sua ratione iustitia habet quod sit ad alterum; nihil enim est sibi

Com o que não só se inscreve no princípio uma fundamental ideia de *relatividade* — «igualdade» implica sempre uma relação [85], e, por aí, uma ponderação, no quadro de uma pluralidade de objectos —, como se abre caminho para a *proibição do arbítrio*, pois que naquela exigência se contém já uma material intenção de igualdade, a postular um sentido, e não a defesa de uma igualdade pela igualdade ou de uma igualdade sem critério: com efeito, situados que estamos no domínio do *normativo--jurídico*, o juízo de igualdade-desigualdade há-de, no mínimo, cobrir-se com um qualquer *fundamento material* susceptível de lhe conferir validade. Pode assim dizer-se que se impõe um tratamento igual do que for *substancialmente igual* e um tratamento diferente do que for *substancialmente diferente*. O que seja, porém, em concreto, esta igualdade «de substância» — aquilo que faz do igual igual e do desigual desigual [86] — é algo que se mostra

---

aequalem, sed alteri». GRÓCIO, salientando que «o injusto é o que é contrário à natureza de uma sociedade de seres razoáveis», vem a distinguir entre o *ius aequatorium* e o *ius rectorium*, reportando o primeiro às relações entre iguais e o segundo às relações entre desiguais (superiores e inferiores) (*De iure belli ac pacis*, liv. I, cap. I, § 3, 2 e 3 — utilizámos a trad./comentário de BARBEYRAC, de 1768, onde as partes citadas correspondem, respectivamente, à p. 40 e à p. 41). Sobre tudo isto, pode ver-se, desenvolvidamente, G. DEL VECCHIO, *La giustizia*, 4.ª ed., Roma, 1951, esp. pp. 25 ss. e 45 ss., e ainda C. CURSIO, *Egualianza — Dottrine generalli*, Enc. d. Diritto, vol. XIV, pp. 510 ss.. Integrando a ideia de igualdade relativa na explicitação do sentido regulativo do princípio da justiça, v. A. CASTANHEIRA NEVES, *Curso de Introdução ao Estudo do Direito*, Coimbra, 1971-72, policop., pp. 90 ss.; e RUI DE ALARCÃO (*Introdução ao Estudo do Direito*, Coimbra, policop., 1972, p. 29) acentua: a justiça, como princípio objectivo, «reconduz-se na sua essência, a uma ideia de *igualdade*, no sentido de *proporcionalidade*»; veja-se ainda C. PERELMAN, *Égalité et justice*, in «L'Égalité», vol. V, Bruxelles, 1977, pp. 324 ss., para quem «l'égalité que l'on rapproche, depuis Aristote, de l'idée de justice consiste en une égalité de traitement» (p. 325).

[85] Cfr. K. HESSE, *Der Gleichheitsgrundsatz im Staatsrecht*, cit., p. 173.

[86] Resta, com efeito, determinar o que são, afinal, «situações iguais», em termos de tornarem ilegítimo um tratamento diferenciado. É neste contexto que PODLECH (*Gehalt und Funktionen des allgemeinen verfassungsrechtlichen Gleichheitssatzes*, Berlin, 1971, pp. 55-56) considera a fórmula aristotélica da igualdade como «um exemplo clássico (...) de uma *estratégia de tautologização*».

72

insusceptível de uma fixação *ne varietur*, adequada para todo o tempo e para todas as circunstâncias [87]. De todo o modo, e sendo certo que não é logicamente possível a afirmação de uma igualdade em termos de absoluta correspondência entre todos os elementos de dois ou mais conteúdos ou situações — o que nos situaria *na área da identidade* [88] —, haverá que indagar quais desses elementos poderão (ou deverão) ser tidos em conta para concretizar aquela ponderação em que se analisa o juízo de igualdade. O que, no quadro do problema, implica *um juízo de essencialidade*: relevantes hão-de ser os elementos que se reputam essenciais à comparação-ponderação [89]. Dir-se-á assim que aquilo que o princípio verdadeiramente exige é um tratamento igual do *essencialmente* igual e um tratamento desigual do *essencialmente* desigual.

Só que, com isto, não fica ainda determinado o sentido que afinal se atribui, ou se pretende atribuir, à igualdade, o seu critério último; como, por outro lado, e por isso mesmo, se oferece ainda ao legislador uma larga margem de actuação--conformação [90], constrangido que está tão-só pela exigência de

---

[87] Cfr. K. HESSE, *Grundzüge des Verfassungsrechts der Bundesrepublik Deutschland*, 12.ª ed., Heidelberg/Karlsruhe, 1980, p. 176, e, já antes, mais desenvolvidamente, em *Der Gleichheitsgrundsatz im Staatsrecht*, cit., pp. 172 ss.. Acentua PERELMAN (*Égalité et justice*, cit., p. 327): «ce qui constitue une bonne raison justifiant une inégalité de traitement peut varier selon les sociétés et les époques».

[88] De resto, o juízo de igualdade, justamente porque não é um juízo de identidade, traduz-se numa valoração comparativa de coisas diferentes, assim implicitamente convocando um imprescindível *tertium comparationis*: importa explicitar o factor ou factores em relação aos quais devem as coisas ser valoradas como «iguais».

[89] No domínio da avaliação concreta, igualdade dos objectos é a *coincidência essencial de características*, desigualdade é a não coincidência essencial dessas mesmas características (H. HENKEL, *Einführung in die Rechtsphilosophie*, cit., p. 415). Não existe, porém, segundo o autor, qualquer regra, geral ou especial, para o juízo de essencialidade: este apenas se logrará dentro da conexão do correspondente problema.

[90] Cfr. LEIBHOLZ/RINCK, *Grundgesetz*, 4.ª ed., Köln, 1971, pp. 92 ss..

uma motivação racional (de um «fundamento material suficiente»), referenciada, em última análise, à «natureza de coisas» [91] — qualquer que seja o modo por que esta venha, em definitivo, a ser entendida [92] —, nos quadros de uma mera proibição do arbítrio. A significar que o legislador *apenas negativamente* se encontra limitado, no contexto de um critério com exclusivas funções de controlo [93].

É neste horizonte que se coloca hoje ao pensamento jurídico o problema da determinação do *critério material* da igualdade. Com efeito, se é certo que se encontra superado o sentido que o jusnaturalismo do iluminismo moderno atribuiu ao princípio, com a redução da igualdade à legalidade e sua exclusiva actuação ao nível da aplicação da lei, já não é tão pacífico o encerramento do problema nos puros quadros do critério da proibição do arbítrio, ele também já material, mas funcionando ainda como mera determinante *externa-negativa* da liberdade de conformação ou de decisão. Mesmo naquela perspectiva estritamente jurídica do princípio da igualdade — e só esta aqui nos interessa [94] —, parece legítimo, com efeito,

---

[91] Nas palavras do Tribunal Federal Constitucional Alemão, «o legislador pode escolher, em princípio, os factos aos quais atribui as mesmas consequências jurídicas, isto é, que pretende considerar iguais em sentido jurídico. (...) A única condição prévia para a conformidade com o princípio da igualdade é que a desigualação escolhida se apoie em considerações adequadas às coisas» (BVerGE 26, 1, 8).

[92] Sobre a ontologia normativa da «natureza das coisas», v., criticamente, ORLANDO DE CARVALHO, *Critério e estrutura do estabelecimento comercial*, I, Coimbra, 1967, pp. 802 ss. e 846 ss. (cfr., porém, enquanto operador, pp. 820 ss. e 864-865); A. CASTANHEIRA NEVES, *Questão-de-facto — Questão-de-direito*, I, Coimbra 1967, pp. 699 ss. e 760 ss..

[93] No sentido da insuficiência do critério do arbítrio e da sua inserção (ainda) no campo da «preferência pelo legislador», v. A. CASTANHEIRA NEVES, *O instituto dos «assentos»*, cit., pp. 174-175. Cfr. também, mas tratando a questão fundamentalmente no plano jurídico-constitucional, J. J. GOMES CANOTILHO, *Constituição dirigente*, cit., pp. 381-385.

[94] Cfr., *supra*, nota (82).

questionar a suficiência, ou mesmo a adequação, desse critério [95].
A igualdade material, se não quisermos ficar na «exterioridade»
de um puro limite negativo, o que em substância se traduz em
um limite que «aceita» poder ir orientado por um sentido
outro que não o sentido último e fundante do direito, terá de

---

[95] Advirta-se, porém, que a recente jurisprudência constitucional portuguesa se tem mantido, fundamentalmente, dentro dos quadros do critério da proibição do arbítrio. Relativamente à Comissão Constitucional, em diversas ocasiões foi essa orientação confirmada. Refiram-se, de entre os mais significativos, os seguintes *pareceres* daquela Comissão: n.º 1/76, n.º 8/79, n.º 2/80, n.º 2/81, n.º 28/81, n.º 33/81, n.º 5/82, n.º 13/82, n.º 26/82, n.º 28/82 (todos eles publicados nos diversos volumes de *Pareceres da Comissão Constitucional*, Imprensa Nacional-Casa da Moeda, o último dos quais — vol. 21 — vindo a público já em 1985); e ainda os *acórdãos* n.º 149, de 13 de Março de 1979 (*BMJ*, n.º 285, pp. 135 ss.); n.º 456, de 20 de Julho de 1982 (*BMJ*, n.º 321, pp. 231 ss.); n.º 479, de 25 de Março de 1983 (*BMJ*, n.º 327, pp. 415 ss.). O mesmo parece poder dizer-se relativamente à orientação do Tribunal Constitucional, a avaliar pelos ainda escassos acórdãos sobre o tema vindos a público (refira-se, designadamente, o acórdão n.º 44/84, publicado no «Diário da República», II série, de 11-7-1984, e ainda, de forma menos nítida, o acórdão n.º 126/84, publicado no «Diário da República», II série, de 11-3-1985).
Não deixe, todavia, de salientar-se que nesses diversos pareceres e acórdãos se encontram, aqui e ali, algumas *nuances*. Por outro lado, tem-se aí acentuado o que se considera ser a especificidade do quadro em que se movem os órgãos de controlo da constitucionalidade. Lê-se, por exemplo, no parecer n.º 26/82, da Comissão Constitucional, de que foi relator CARDOSO DA COSTA: «(...) em sede de controlo da constitucionalidade, não cabe aos respectivos órgãos emitir propriamente um juízo 'positivo' sobre a solução legal: ou seja, um juízo em que o órgão de controlo comece por ponderar a situação como se fora o legislador (e como que 'substituindo-se' a este), para depois aferir da racionalidade da solução legislativa pela sua própria ideia do que seria, no caso, a solução 'razoável', 'justa' ou 'ideal'. Os órgãos de controlo da constitucionalidade não podem ir tão longe: o que lhes cabe (em hipóteses como as do tipo considerado) é tão-somente um juízo 'negativo', que afaste aquelas soluções legais de todo o ponto insusceptíveis de credenciar-se racionalmente. Onde tal não acontece — onde não possa afirmar-se que a um determinado regime jurídico especial falta toda a justificação — não deverá, em sede de fiscalização da constitucionalidade, considerar-se violado o princípio da igualdade» (*Pareceres da Comissão Constitucional*, vol. 20.º, Lisboa, 1984, pp. 223-224). No mesmo sentido se pronuncia o acórdão n.º 479 da Comissão Constitucional, de 25 de Março de 1983 (*BMJ*, n.º 327, pp. 415 ss.), reenviando para idêntica orientação seguida, já antes, pelo acórdão n.º 458.

reconduzir-se, em derradeira análise, à *intenção de justiça*: o sentido do princípio da igualdade, numa perspectiva estritamente jurídica, será aquele que «actualiza» a ideia de justiça material [96]. A significar que o núcleo intencional do princípio se situa, não

---

Por seu turno, no parecer n.º 28/82 faz-se expressa referência, em declaração de voto, ao princípio *in dubio pro legislatore* (cfr. *Pareceres, cit.*, vol. 21, 1985, p. 19).

Tudo isto tem a ver com o «primado de concretização» do legislador e, por aí, com a própria questão da interpretação da constituição. Estando, porém, em jogo o plano da fiscalização da constitucionalidade das leis, mais do que um puro problema metodológico, suscita-se aqui, de modo impressivo, uma questão de «divisão de funções» ou de «separação de poderes», e, com isso, toda a problemática dos limites do «desenvolvimento» do direito (*Rechtsfortbildung*). Cfr. GÖLDNER, *Verfassungsprinzip und Privatrechtsnorm in der Verfassungskonformen Auslegung und Rechtsfortbildung*, Berlin, 1966, pp. 182 ss. e 299 ss.; R. WANK, *Grenzen richterlicher Rechtsfortbildung*, Berlin, 1978, pp. 119 ss. e 154 ss.; M. KRIELE, *Theorie der Rechtsgewinnung*, 2.ª ed., Berlin, 1976, pp. 157 ss.; ESSER, *Vorverständnis und Methodenwahl in der Rechtsfindung*, Frankfurt a. M., 1972, pp. 116 ss. e 215 ss.. De resto, o carácter constitutivo que hoje se reconhece à interpretação jurídica em geral suscita, desde logo, o problema da *validade constitucional* da criação do direito por via jurisprudencial (cfr. A. CASTANHEIRA NEVES, *O actual problema metodológico da interpretação jurídica* (em curso de publicação), «Revista de Legislação e de Jurisprudência», 117.º, n.º 3725, p. 227). Mas que a objecção da «separação de poderes» não procede, é algo que vai sendo comummente aceite (v., por todos, M. KRIELE, *ob. cit.*, pp. 157 ss.).

Por último, importa reconhecer que as orientações jurisprudenciais, com particular relevo para a jurisprudência constitucional alemã, se têm mantido,, como salienta A. CASTANHEIRA NEVES (*O instituto dos «assentos», cit.*, p. 172), fundamentalmente fiéis ao critério da proibição do arbítrio, para o que terá contribuído, de modo significativo, no caso da Alemanha, o pensamento de LEIBHOLZ, essencialmente contido na sua obra *Die Gleichheit vor dem Gesetz*, 2.ª ed., München/Berlin, 1959.

[96] Expressamente neste sentido, A. CASTANHEIRA NEVES (*ob. cit.*, p. 177): «(...) axiológico-juridicamente o sentido do princípio da igualdade será aquele sentido que ele ofereça como expressão da justiça material, tal como hoje juridicamente a entendemos: como expressão do próprio princípio normativo do direito, enquanto tal». Do ponto de vista político-jurídico, ou num sentido mais programático (cfr., *supra*, nota (82)), considera o autor que o princípio da igualdade visa a igualdade social, exigindo desse modo «a realização de uma real igualdade de oportunidades ou de condições sociais» (pp. 176-177, e, desenvolvidamente, pp. 129 ss.); cfr. também *A Revolução e o Direito*, sep. da «Revista da Ordem dos Advogados», Lisboa, 1976, p. 208.

ao nível do legislador — mesmo do legislador da «justificação racional» ou do «fundamento material suficiente» —, *mas ao nível do próprio direito*: também a este, ao seu autónomo critério, que se julga não se encerrar nos quadros de um «fundamento material suficiente», está o legislador submetido.

É certo que, posta assim a questão, ela nos remete, em altima análise, para a representação da «consciência jurídica comunitária» ou «consciência jurídica geral», com toda a margem de indeterminação que aí consabidamente se joga. Mas não vai nisso razão suficiente para abandonarmos o critério, o mesmo é dizer, para não matriciarmos o problema na sua verdadeira sede. Pelo contrário, se tivermos em conta que é através daquela «consciência jurídica geral» que historicamente se objectivam os valores integrantes do consenso comunitário, melhor nos aperceberemos da fundamental importância de assim ir compreendido um princípio como o da igualdade: é que ele é, no pensamento democrático, conjuntamente com a liberdade e a solidariedade, um dos *momentos explicitantes* do eminente valor da dignidade da pessoa [97]. Ponto é que se encontre um adequado *modus* de precipitação, em concreto, daquele consenso comunitário [98].

---

[97] V. Barbosa de Melo, *Democracia e Utopia*, Porto, 1980, pp. 17-18: verdadeiro «axioma antropológico» do ideal democrático, como que a sua *Grundnorm*, a dignidade da pessoa vem a desenvolver-se ou a explicitar-se através dos princípios da liberdade, da igualdade e da fraternidade, que assim se instituem em elementos essenciais da ordem jurídica do Estado-de-direito material.

[98] Visualizando-o de forma diversa, cfr., entre nós, A. Castanheira Neves, *Justiça e Direito*, «Boletim da Faculdade de Direito», vol. LI, 1975, pp. 263 ss., *A Revolução e o Direito*, cit., pp. 190 ss., *A unidade do sistema jurídico: o seu problema e o seu sentido*, «Boletim da Faculdade de Direito», Estudos em homenagem ao Prof. Doutor Teixeira Ribeiro, II, 1979, pp. 176 ss.; e J. Figueiredo Dias, *Schuld und Persönlichkeit. Für eine rechtsethische Erneuerung des Schuldbegriffs im Strafrecht*, in «Zeitschrift für die gesamte Strafrechtswissenschaft», 95 (1983), pp. 224 ss. (publicado, como posfácio, na 2.ª ed. de

Se quisermos agora salientar o específico aspecto da aplicação de uma concreta e *já determinada* norma (que é o que, no contexto, particularmente nos interessa), também por aí se verá que a força irradiante da igualdade material não se exaure no âmbito do conteúdo da lei. É que sempre será possível, em face da *mediação constitutiva* que em cada decisão é actuada pela «interacção» da valoração fundante da norma e da concreticidade da situação, questionar a igualdade-desigualdade que, em termos abstractos, se mostre como normativamente fundada: o caso, porque se constitui sempre como um autónomo «problema», insusceptível de uma decisão que se obtenha, a partir da norma, por um puro processo de dedução lógica, pode revelar *a não justificação jurídico-normativa* daquilo que, em geral, se tinha como fundado [99]. O que abre caminho a uma concreta decisão de

---

Liberdade, culpa, direito penal, Coimbra, 1983, pp. 233 ss.), e, já antes, *O problema da consciência da ilicitude em direito penal*, Coimbra, 1969, pp. 322 ss. e pp. 376 ss.. Arrancando da ideia de que «a dimensão axiológica de um princípio jurídico é o fundamento incondicional da sua validade», não crê, todavia, FIGUEIREDO DIAS (*Schuld und Persönlichkeit*, pp. 224-225, na versão portuguesa, pp. 239-40) que os valores integrantes do consenso comunitário, objectivados historicamente através da «consciência jurídica geral», possam arvorar-se imediatamente em fundamentos de validade jurídica: «isso só deve tornar-se possível através da sua mediação (ou 'positivação') pela Constituição democrática do Estado». E acrescenta, em nota: «Sob pena, de outra forma, de se abrir a porta a um subjectivismo incontrolável. É a Constituição democrática do Estado o fiel e a expressão do consenso comunitário que fundamenta a validade» da ordem jurídica. Sobre o significado e importância dos princípios constitucionais positivos no quadro da criação jurisprudencial do direito, v. ESSER, *Grundsatz und Norm in der richterlichen Fortbildung des Privatrechts*, Tübingen, 1956, pp. 69 ss..

[99] O que representa, por um lado, a refracção num particular domínio — o da aplicação da norma a um facto — da «estrutura circular» do compreender; entre a norma e o facto desenvolve-se um processo de aproximações sucessivas, de forma alternada, em ordem a uma recíproca elucidação de um através do outro (o que ENGISCH designa por *Hin- und Herwandern des Blickes zwischen Obersatz und Lebenssachverhalt*— cfr. *Logische Studien zur Gesetzesanwendung*, 3.ª ed., Heidelberg, 1963, p. 15); cfr. também LARENZ, *Methodenlehre der Rechtswissenschaft*, *cit.*, pp. 262 ss., e, no plano geral da

igualação onde a lei tenha prescrito uma solução de diferenciação, ou, por maioria de razão, onde a aparência das coisas faça supor que assim foi. E o mesmo se legitimará, obviamente, na hipótese inversa.

Tudo o que se ajusta, de modo particularmente impressivo, ao caso em análise, em que se debate, não propriamente um problema de «desigualdade» de uma concreta norma (uma norma que estatuísse diferentemente, no ponto em aberto, para cada uma das administrações), mas, antes, um problema de *desigualdade de decisão* em face de uma disposição legal que fixa genericamente em três anos o período mínimo de tempo para que qualquer funcionário possa ascender à categoria superior.

Neste contexto, tudo estará agora em saber se as circunstâncias do caso, articuladas com a normatividade que se exprime na norma, justificarão, para esta última, uma interpretação-aplicação que elimine do conceito legal de «tempo de serviço» aquele espaço cronológico que se actuou no âmbito da administração autárquica. Ora, se é verdade que não se trata de recusar a aplicação de uma norma reputada materialmente injusta, uma norma que ofendesse, desde logo e em si, as exigências materiais

---

hermenêutica, GADAMER, *Wahrheit und Methode*, 2.ª ed., Tübingen, 1965, pp. 250 ss.. E, por outro, a projecção da específica autonomia do caso decidendo, que sempre impõe, como «problema» a resolver no concreto, uma *re-constituição* da intencionalidade normativa pressuposta na norma (a norma de um «problema» abstractamente identificado — ou «tipificado»). Cfr. ESSER, *Grundsatz und Norm, cit.*, p. 219: uma análise cuidada do processo de interpretação torna patente o entrelaçamento funcional de princípio e regra, de intuição e construção, de lógica jurídica peremptória e discussão aberta do caso; cfr. também *Vorverständnis und Methodenwahl, cit.*, pp. 137 ss. Corrigindo e completando ENGISCH, KRIELE (*Theorie der Rechtsgewinnung, cit.*, pp. 203 ss.) fala de um «ir e vir da perspectiva» de 2.º grau (v. espec. p. 205). Para a crítica metodológica do esquema lógico-dedutivo é fundamental A. CASTANHEIRA NEVES, *Questão-de-facto — Questão-de-direito*, Coimbra, I, 1967, pp. 107 ss. e 128 ss., e ainda, pp. 251 ss. e 422 ss.; sobre o ponto particularmente em jogo no texto, cfr. pp. 509 ss. e 606 ss.; no que concerne ao sentido da preferência metodológica dada ao caso concreto, v. pp. 268 ss..

da igualdade, não deixa o caso de se inscrever na questão global da igualdade como *igualdade perante o direito*: o que importa determinar é se a decisão de ignorar o tempo de serviço prestado na administração local se constituirá ou não como uma decisão consentânea com a intenção de igualdade material perante o direito. O que só se saberá se a confrontarmos com a ideia jurídico-material de justiça: será essa desigualação *exigida* pela justiça material?

Posta assim a questão, a recusa de relevância ao «tempo autárquico» consubstanciará, sem grandes dúvidas, uma decisão materialmente injusta: nada no problema, nem do ponto de vista da abstracta teleologia da norma, nem do ponto de vista da mediação constitutiva do caso, permitirá sustentar uma diferenciação de tratamento. Como será possível negar o direito de promoção àquele funcionário em cuja esfera jurídica *se inscreveu já* o tempo de serviço legalmente exigido, e ao qual corresponde, em ambas as administrações, a mesma carreira, o mesmo conteúdo funcional, o mesmo posicionamento estrutural, a mesma mobilidade interna — só porque aquele tempo foi parcialmente actuado no contexto da administração autárquica? Mais do que um arbítrio sem motivação racional evidente, tratar-se-ia de uma decisão insustentável à face da ideia ou intenção de justiça: seria como que considerar o técnico superior da administração local, valorativamente, como um técnico superior *menos* [100], quando é certo que se não divisa a essencialidade da diferença, em termos de igualdade-desigualdade material, nem um qualquer concreto *quid* de diferenciação, susceptível de fundamentar, normativamente, uma dissimilitude de tratamento.

---

[100] Dir-se-ia que, pertencendo à administração local, e justamente por isso, viria o funcionário a sofrer de uma verdadeira *capitis deminutio*.

De resto, se quisermos descer ainda mais ao caso concreto, e mesmo sem entrarmos em linha de conta com o sentido e critério útimos do princípio da igualdade, a solução defendida impõe-se-nos como uma quase evidência, como algo que a si próprio se sustenta. Na verdade, a tese da não validade do «tempo autárquico» representaria, desde logo, uma *discriminação* que nem pela concludência de um interno «fundamento suficiente» lograria impor-se [101]. Não se vê, com efeito, que, mesmo da sua própria perspectiva, e sem pôr em causa a sua pressuposta teleologia, uma tal decisão pudesse oferecer, para si própria, um qualquer fundamento material suficiente, uma qualquer justificação razoável. Isto é, nem *no interior de si própria*, na sua própria «imanência», uma tal decisão conseguiria afastar a acusação de *arbítrio*.

É que o Tribunal, para fundamentar a decisão, invocava exclusivamente a constância da sua própria orientação, sem que, por seu lado, alguma razão, legal ou translegal, fosse apontada como tendo contribuído para a formação ou criação dessa «corrente jurisprudencial». Na melhor das hipóteses, conceder-se-ia ao Tribunal o benefício de se admitir uma referência *implícita* às normas legais que, directa ou indirectamente, e de uma forma genérica, tenham a ver com a questão *sub judice*. Simplesmente, tais normas — mesmo admitindo que fosse legítimo omití-las — só podem ser aquelas que se contêm nos decretos-leis n.ᵒˢ 191-C/79 e 466/79, atrás analisados. Ora, a verdade é que a decisão de recusar relevância ao tempo autárquico não encontra qualquer força justificativa ou concludente razão de ser na *teleologia* das normas constantes desses diplomas e assim implicitamente convocadas. Bem ao invés, um tal desi-

---

[101] Sobre esta orientação, dentro do critério da proibição do arbítrio, v. A. CASTANHEIRA NEVES, *O instituto dos «assentos»*, cit., pp. 172-173. Cfr. também PODLECH, *Gehalt und Funktionen*, cit., pp. 103 ss..

gualação aparece como de todo contrária aos fins e às intenções que atravessam essas normas, como, demoradamente, houve já ensejo de demonstrar [102].

Acresce, aliás, que um tal fundamento se constituiria tão-só como um «limite mínimo», o qual, nem por, hipoteticamente, ser alcançado, conseguiria excluir a decisão, de forma definitiva, da zona do arbítrio. Com efeito, e já sem falar do próprio entendimento do princípio da igualdade como a igualdade-desigualdade exigida pela justiça material, a proibição do arbítrio cobre-se, correntemente, a mais desse critério imanente, com a exigência de *fundamentos normativos autónomos*, como a «natureza das coisas» ou os «padrões normativos de ordem jurídica» [103], pelo que, mesmo a esse nível, a decisão do Tribunal estaria longe de poder reputar-se, de imediato, como conforme ao princípio da igualdade.

2. *Princípio da igualdade e interpretação da lei*

Por outro lado, o princípio da igualdade, enquanto exigência de tratamento igual do igual, postulado pelos próprios fins objectivos do direito, constitui-se como *critério de interpretação da lei*, no quadro global dos chamados *critérios teleológico-objectivos* [104]. Se a ideia de justiça implica um sentido de «medida igual», impõe-se, tanto ao legislador como ao intérprete, evitar contradições de valoração (*Wertungswidersprüche*), impedindo que análogos pressupostos de facto venham a ser objecto

---

[102] Cfr., *supra*, pp. 46 ss..

[103] Considera, todavia, A. Castanheira Neves (*ob. cit.*, pp. 174-175) que tais fundamentos se propõem «menos acrescentar novas intenções normativas do que servirem apenas de critérios de não-arbitrariedade dos fundamentos específicos invocados para a igualdade ou desigualdade concretamente em causa».

[104] Cfr. Larenz, *Methodenlehre der Rechtswissenschaft, cit.*, pp. 322 ss..

82

de valoração diversa. Recai assim sobre o intérprete da norma que fixa os requisitos da promoção [105] a tarefa de fazer dela uma leitura, dentro do quadro do seu teor literal e da sua conexão de sentido, que não coenvolva uma qualquer contradição valorativa. Se se interpreta tal disposição no sentido de excluir do conceito de «tempo de serviço» o espaço cronológico actuado no interior da administração local, torna-se patente a existência de uma *valoração diversa* de um mesmo pressuposto de facto: um igual espaço temporal. A ideia de justiça, no sentido de medida igual, sairá inevitavelmente ferida desta interpretação.

Também por outra via é o princípio da igualdade chamado a desempenhar um papel fundamental no campo da interpretação: conta-se ele, de facto, entre os princípios ético-jurídicos *elevados a nível constitucional*. Ora, a *conformidade com a constituição* é, verdadeiramente, um critério de interpretação [106], de tal modo que, de entre várias interpretações possíveis de uma norma, terá preferência aquela que possa dizer-se mais consentânea com os princípios constitucionais. O que, no caso vertente, se refracta a dois níveis.

Por um lado, a norma infra-constitucional referente ao conceito de «tempo de serviço» deve ser, desde logo, articulada com o preceito constitucional constante do art. 244.º, 2, onde se estipula que o regime dos funcionários e agentes do

---

[105] Cfr., *supra*, pp. 53 ss. e p. 64.

[106] Cfr. J. BURMEISTER, *Die Verfassungsorientierung der Gesetzesauslegung* (*Verfassungskonforme Auslegung oder vertikale Normendurchdringung?*) Berlin/ /Frankfurt, 1966, pp. 51 ss.; GÖLDNER, *Verfassungsprinzip und Privatrechtsnorm, cit.*, pp. 47 ss.; LARENZ, *Methodenlehre, cit.*, pp. 329 ss.; atente-se, porém, nos limites que LARENZ (pp. 330 ss.) e GÖLDNER (pp. 209 ss.) fixam a esse critério; cfr. também GOMES CANOTILHO, *Direito Constitutucional*, 3.ª ed., Coimbra, 1983, pp. 246 ss.. Especificamente sobre a interpretação dos preceitos consitucionais relativos aos direitos fundamentais, v. VIEIRA DE ANDRADE, *Os direitos fundamentais na Constituição Portuguesa de 1976*, Coimbra, 1983, pp. 115 ss., esp. pp. 134-135, onde se refere, exemplificativamente, o princípio da igualdade e a necessidade de atender, na sua aplicação, à «realidade constitucional».

Estado se aplica aos funcionários e agentes da administração local. Deste modo, deve aquele preceito ser interpretado no sentido mais concordante com a Constituição — indubitavelmente, o sentido que temos vindo a atribuir-lhe. Por outro lado, e no que respeita directamente ao princípio constitucional da igualdade (art. 13.º), o critério da interpretação conforme à constituição significará aqui a opção pelo sentido que melhor *permita* ou *potencie* a concretização prática daquele princípio — ou seja, no caso, a interpretação que melhor efective a igualdade de tratamento entre todos os servidores da administração pública.

A referência à norma constante do art. 244.º, 2, da Constituição mostra-nos como a aplicação ao caso do princípio da igualdade se encontra particularmente facilitada. Se se estabelece aí a aplicação aos servidores da administração local daquele regime que, em primeira linha, é fixado para os servidores da administração do Estado, é o próprio legislador constituinte a revelar a *latência* de um princípio de fundamental paridade, igualdade ou equivalência entre os funcionários das duas administrações. Não será assim difícil concluir pela ilegitimidade de uma qualquer desigualação de tratamento que não encontre suficiente razão de ser nos limites materiais do próprio princípio da igualdade: tratar desigualmente aquilo que é — mas só aquilo que é — essencialmente desigual, *no quadro de uma igualdade-desigualdade iluminada ou determinada pelas exigências da justiça material.*

Parece-nos, de resto, como já atrás assinalámos, não ser sequer necessário, no caso, a invocação de uma *autónoma* violação do princípio da igualdade, pois se trata, desde logo, de uma *directa* violação do preceito constitucional contido no art. 244.º, 2 [107], onde se corporiza, em relação a um particular

---

[107] Cfr., para um caso similar, a declaração de voto de J. FIGUEIREDO DIAS, no âmbito da Comissão Constitucional (*Pareceres da Comissão Constitucional*, vol. X, Lisboa, 1980, p. 55). Discutindo-se a questão de saber se a base

segmento da ordenação social, a intencionalidade básica subjacente àquele princípio. Como quer que seja, a decisão de recusar relevância ao «tempo autárquico» sempre se apresentará como *inconstitucional* — ou por aplicação directa do art. 244.º, 2; ou através da consideração do princípio da igualdade (art. 13.º), por si só ou em articulação com aquela disposição da lei fundamental [108].

XXIX da Lei n.º 3098, de Julho de 1959, estaria ou não ferida de inconstitucionalidade, ao considerar que, para o exercício de funções públicas, a aquisição da nacionalidade portuguesa só produziria efeitos decorridos dez anos após a sua data, J. FIGUEIREDO DIAS, votando a conclusão da inconstitucionalidade, acentua que o faz «não com fundamento em uma autónoma violação do princípio da igualdade, mas tão-só com fundamento na conjugação do disposto no art. 48.º, n.º 4, com o estabelecido pelo art. 12.º, n.º 1, ambos da Constituição».

[108] Num estudo ainda em curso de publicação, A. CASTANHEIRA NEVES (*O actual problema metodológico da interpretação jurídica*, «Revista de Legislação e de Jurisprudência», ano 117.º, a partir do n.º 3722), debruçando-se sobre a actual revisão metodológica da problemática da interpretação, salienta, desde logo, neste campo, uma mudança de perspectiva e, com isso, uma alteração no próprio conceito de interpretação jurídica. Deixando de conceber-se «tão-só e estritamente como *interpretação da lei*, para se pensar como *actus* da *realização do direito*», é, de facto, o próprio conceito que está em causa: volve-se em interpretação do direito o que ia representado como interpretação da lei (p. 130); cfr. ainda, de modo particular, pp. 264-265, e, no ano 218.º, n.º 3731, pp. 42-43. O que fundamentalmente se liga à mesma constelação de vectores (culturais, jurídico-culturais, epistemológicos, metodológicos) a que vai subterraneamente orientada, na perspectiva do autor, a própria determinação do critério da igualdade (cfr. *O instituto dos «asentos», cit.*, pp. 118 ss.).

Sobre a autonomia constitutiva do acto interpretativo e a unidade metodológica entre «interpretação» e «aplicação», v., já antes, de A. CASTANHEIRA NEVES, *A unidade do sistema jurídico, cit.*, pp. 112 ss., *O papel do jurista no nosso tempo*, «Boletim da Faculdade de Direito», n.º 44, 1968, p. 137 ss., e ainda *Questão-de-facto — Questão-de-direito*, pp. 510 ss.. Cfr. também ESSER, *Vorverständnis und Methodenwahl, cit.*, pp. 74 ss.. GADAMER, pondo em relevo o carácter paradigmático da hermenêutica jurídica em relação à hermenêutica geral (*Wahrheit und Methode, cit.*, pp. 307 ss.), vem depois a acentuar a sua especificidade problemática, imputando-lhe a tarefa, não de «compreender proposições jurídicas vigentes», mas de «encontrar direito» (pp. 489 ss.).

V. O problema no quadro da regulamentação da permuta

O decreto-lei n.º 165/82, de 10 de Maio, veio autorizar a permuta entre funcionários da administração local e funcionários da administração central, desde que pertencentes à mesma categoria e carreira [109].

Significa isto, em primeiro lugar, que, no âmbito de igual categoria e carreira, um funcionário da administração autárquica tem, para o legislador, o mesmo *perfil funcional* que um funcionário da administração do Estado. O que só vem corroborar, *ex abundante*, o que desde o início vimos defendendo. Torna-se claro, por outro lado, que uma carreira existente simultaneamente na administração central e na administração local se constitui, na perspectiva do legislador, como uma entidade homogénea, quando menos no seu conteúdo funcional [110]. A não ser assim, não teria sentido que se autorizasse a permuta. Tratar-se-ia então, com efeito, de atribuir, sem mais, a um determinado funcionário, ao qual corresponde *um específico conteúdo jurídico-funcional*, um conteúdo jurídico-funcional *de todo diverso*. Ora, a verdade é que, se o legislador autoriza a

---

[109] Eia este o diploma em vigor, relativamente à permuta, quando o Tribunal teve de se pronunciar sobre o caso *sub judice*. Actualmente, encontra aquele instrumento de mobilidade dos funcionários a sua regulamentação no decreto-lei n.º 41/84, de 3 de Fevereiro. Porém, a nova disciplina em nada contende com o que se diz no texto. Pelo contrário, a linha de pensamento aí subjacente sai mesmo reforçada, por isso que se permite agora a permuta não apenas entre funcionários da mesma categoria e carreira, mas ainda entre funcionários de *carreiras diferentes* (art. 22.º, 2). Neste último caso requere-se, todavia, que os permutandos seja remunerados pela mesma letra de vencimento, que o conteúdo funcional das respectivas funções seja idêntico ou afim e que sejam respeitados os requisitos habilitacionais.

[110] Que não é só no plano funcional que esta homogeneidade se verifica, é algo que já atrás foi demonstrado (cfr., *supra*, pp. 46 ss.). Aqui, porém, apenas este aspecto nos interessa focar.

permuta, é porque, à partida, reconhece estar perante um *quid* juridicamente equivalente ou homogéneo.

Nem se diga que, no caso da permuta, é a lei a determinar expressamente a identificação das carreiras das duas administrações, e que só por isso é aquela consentida. Bem ao invés, o que se passa é que, *estando pressuposta no todo do sistema a ideia de identificação ou homogeneidade das carreiras*, não viu o legislador qualquer obstáculo à autorização de um puro fenómeno de troca entre funcionários de dois diversos quadrantes da dministração pública. *A permuta é consequência, não causa.* Trata-se de uma simples manifestação de uma ideia ou princípio geral.

Dir-se-á que a permuta nos surge aqui como uma figura de *valor sintomático:* ela revela a latência de uma certa intencionalidade que atravessa actualmente todo o nosso direito da função pública. Não há permuta porque o legislador, *para tal*, equipara as carreiras. Há permuta porque as carreiras *já estão, em geral*, equiparadas. A permuta é, não a excepção, mas o afloramento da regra.

Mas a admissão da permuta significa mais.

Em relação ao funcionário da administração local que, pela via da permuta, se integra na administração do Estado, virá naturalmente a pôr-se, ou pode vir a pôr-se, mais tarde, um problema de progressão na carreira. Ora, quando essa questão se levantar, ninguém por certo ousará defender que o tempo de serviço desse funcionário só começou a relevar juridicamente *a partir do momento da permuta*, isto é, a partir do momento em que ingressou na administração central.

Atentemos, por exemplo, na situação de um técnico superior de primeira classe da administração autárquica, com vinte anos de serviço na carreira, que transita, pela via da permuta, para a administração do Estado. Se aquele entendimento fosse aceite, os vinte anos de serviço do funcionário em causa seriam tidos como juridicamente *inexistentes*, pois o legal «tempo de serviço» apenas *agora*, com a concretização da permuta, se iniciaria.

É manifesta a improcedência de tal juízo — temos, de resto, por seguro que ninguém seriamente ousará propô-lo. Tanto mais que a situação se volveria, ademais disso, em um autêntico *nonsense*: o de alguém se encontrar posicionado numa categoria (técnico superior de primeira) para a qual não possuiria, segundo a própria lógica do entendimento em questão, os necessários requisitos legais, designadamente o requisito do «tempo de serviço» — é que esse alguém teria então regressado, juridicamente, ao ponto zero, em termos cronológicos, a partir do exacto momento da permuta.

Comparemos agora esta genérica situação de permuta, no que concerne ao aspecto da progressão na carreira, com o caso vertente.

Em ambas as situações se trata de resolver uma questão de tempo de serviço, relativamente a funcionários da administração central que anteriormente pertenceram à administração autárquica. Não se vê como possa dar-se uma resposta diferenciada para cada uma das situações: se, no caso da permuta, releva, para efeitos de progressão, o tempo de serviço prestado na administração local, o mesmo terá de suceder na situação *sub judice*. Nenhuma especificidade se divisa que materialmente legitime, ou sequer aconselhe, solução diversa. A única diferença reside no modo por que se processa a integração na administração central: num caso, essa integração concretiza-se através de uma recíproca troca de posições entre dois funcionários de cada uma das estruturas admnistrativas; no outro, a integração radica numa aprovação em concurso público. Ora, esta diferença específica nada tem a ver com aquilo que materialmente legitima o requisito do tempo de serviço, exigido para a progressão: prática profissional, experiência, saber adquirido, no quadro de uma só e mesma carreira [111].

---

[111] Cfr., *supra*, pp. 54-55.

Parece assim fora de causa a possibilidade de uma diversa valoração do tempo de serviço, para efeitos de progressão, recusando-lhe relevo na situação presente, mas concedendo-lho no quadro da permuta. Nem se argumente que o caso da permuta está expressamente previsto na lei, o que já não sucederia na situação vertente. Não é exacto: a única coisa que está prevista na lei, quanto à permuta, *é a própria permuta* — nada se diz, nem tinha que se dizer, sobre a questão do «valor» do tempo actuado na administração de origem. Ora, quanto a esta concreta questão, a solução obtida no quadro da permuta baseia-se, como vimos, numa certa interpretação dos dados do ordenamento. Pois bem: o mesmo terá o intérprete de fazer no caso *sub judice* — a partir dos dados do ordenamento, cumprir-lhe-á indagar se será ou não jurídico-materialmente fundada a solução de «destruir» o tempo de serviço prestado no âmbito da administração autárquica por um técnico superior que foi, entretanto, colocado na administração do Estado.

A solução não pode deixar de ser idêntica para os dois casos, sob pena não só de um incompreensível ilogismo como de uma material desrazoabilidade.

VI. Conclusão

Em último termo, a tese da não validade do «tempo autárquico» funda-se em uma certa representação das relações entre a administração do Estado e a administração local. Vista como universo não apenas separado, mas de diferente dignidade, a administração local paga ainda tributo ao *estatuto de menoridade* que lhe advinha do seu anterior enquadramento jurídico-constitucional. Os dados do ordenamento são hoje diferentes, funcionando as autarquias locais como pólos de uma verdadeira *descentralização* — uma descentralização que exprime e projecta uma vontade que se autodetermina.

O que nem por isso legitima, como se acentuou, a substituição de um quadro de subalternidade por um desenho que rompa com a unidade do Estado: só nesta unidade, como unidade plural, logrará a autonomia local o seu exacto sentido.

Lastro daquela representação é, ainda, a perspectivação dos funcionários da administração local como um corpo de servidores do nível inferior, longe do plano jurídico-estatuário em que se situariam os funcionários da administração estadual. Ora, a luta pela autonomia dos entes territoriais, não pretendendo, por certo, substituir uma dominação por outra dominação, é uma luta feita, em última análise, em nome da igualdade, ou, se quisermos, de uma igual dignidade: a administração local é — pretende-se — tão administração pública como a administração do Estado.

Transportando isto para o plano subjectivo, para o plano do indivíduo que serve a administração, facilmente se vê que o que se pretende é o explícito reconhecimento de todo um novo *status*: o funcionário da administração local aspira ao *inteiro estatuto* de servidor da administração pública, isto é, do Estado, da sociedade que actua a sua dimensão política.

Pois bem. Se é certo que não se arrisca já a invocação, ao menos expressa, de um estatuto de menoridade, o que tem sido feito ao nível da interpretação das leis da função pública é a utilização de puras dicotomias formais — como a da separação entre administração do Estado e administração autárquica — para fundamentar soluções que se traduzem, em última análise, em um tratamento *desfavorável* de um dos lados da divisão. Sem sequer falar já aqui da dimensão material-normativa do princípio da igualdade — em tempo salientada —, tudo isto corresponde, de modo óbvio, e quase se diria chocante, a um «modelo de leitura» que se situa nos antípodas de quanto vai subjacente ao pensamento jurídico dos nossos dias — um pensamento de tipo problemático, metodicamente orientado pela autónoma consideração do caso, no quadro global de um sistema «aberto», em que tudo converge para a procura de uma solução justa e adequada para um concreto problema da vida comunitária. Se aquela separação pode funcionar como operador normativo-juridicamente legítimo para certos e determinados efeitos — que aqui não estão em causa —, já se torna de todo inaceitável que dela se faça enfático e genérico ponto de partida para fundamentar, indiscriminadamente, todo e qualquer tipo de solução. No que se pretende criticamente abranger todas aquelas decisões ou interpretações que se caracterizam, em termos práticos, pela *produção de diferenciação* — uma diferenciação que, afinal,só no formalismo daquela dicotomia [112] encontrará apoio bastante. Doutro modo, o cidadão-servidor da administração local, pelo simples facto de o ser, e sem que esteja em causa uma qualquer especificidade da situação fáctica ou do concreto problema decidendo, volver-se-á em um sujeito de direito sobre quem recai, afinal, uma *capitis deminutio*.

Sintetizemos agora, em jeito de conclusão, alguns dos pontos que se foram evidenciando ao longo deste trabalho:

1.º — Como aproximação à compreensão do complexo organizatório da administração pública, é possível operar com a distinção entre a *administração do Estado* e *administração autónoma*;

2.º — No conceito de *administração do Estado* pretende abranger-se todo aquele complexo orgânico que, embora

---

[112] Se mais não fosse, bastaria pensar, lembrando HECK, na fundamental «dimensão de serviço» do direito e na imprescindibilidade do recurso aos «conceitos de interesse», para se ajuizar da total invalidade daquele ponto de partida (cfr. ORLANDO DE CARVALHO, *Para uma teoria da relação jurídica civil*, I, *A teoria geral da relação jurídica — seu sentido e limites*, 2.ª ed., Coimbra, 1981, pp. 94 ss., e *Critério e estrutura do estabelecimento comercial, cit.*, pp. 355 ss., n. 3).

formalmente não homogéneo, se encontra unificado pela sua funcionalização à prossecução, de forma directa ou indirecta, de interesses públicos gerais;

3.º — O étimo comum que permite falar aqui, em termos organizatórios, de uma «unidade» situa-se, por um lado, ao nível da concreta projecção-objectivação da função administrativa, e, por outro, ao nível da desimplicação substancial da técnica organizatória utilizada (personalização de entes públicos);

4.º — Englobam-se na *administração autónoma* dois distintos sujeitos da administração — autarquias locais e entes públicos corporativos («associações públicas») —, os quais têm de comum a sua «autonomia» face ao Estado, no sentido de que visam directamente a prossecução do interesse colectivo próprio da respectiva comunidade, territorial ou ideal, definido e enunciado, com autodeterminação, por essa mesma comunidade;

5.º — Este corte entre administração do Estado e administração autónoma não é, todavia, suficiente, por si só, para nos transmitir, com fidelidade, o desenho global da máquina administrativa, não só pela variedade de *nuances* que nela se inserem, como pela necessidade de a inscrever numa grelha de leitura de tipo diacrónico;

6.º — O que nos leva a ter em conta, por um lado, a evolução da própria estrutura da *publicidade* (*Öffentlichkeit*), e, por outro, os novos processos ou técnicas a que o Estado, pela sua pletorização, se viu obrigado a recorrer, no quadro da administração constitutiva dos nossos dias;

7.º — Inseridas as autarquias locais no campo da administração autónoma, importa explicitar o sentido que aquelas ganham, hoje, no todo da administração pública e, de modo particular, em relação à administração estadual;

8.º — No Estado plural da nossa época, a autonomia dos entes territoriais autárquicos projecta-se num poder de determinar a respectiva orientação político-administrativa — uma orientação que deriva, não do Estado, mas da sua própria comunidade, por isso que o seu órgão fundamental é o povo erigido em corpo eleitoral;

9.º — Não deixa, porém, aquela autonomia de se inscrever no todo da comunidade estatal, sendo certo que só esta é soberana;

10.º — O que vale por dizer que a autonomia local só se compreende no quadro da unidade do Estado, enquanto particular dimensão da sociedade, a sua dimensão política;

11.º — O que vem de dizer-se parece coadunar-se com a compreensão constitucional da administração pública, tal como resulta do texto da actual lei fundamental;

12.º — Contêm-se aí, de facto, latentemente, os dois antitéticos momentos que acabam por definir, em tensão dialéctica, o verdadeiro rosto da autonomia local: de um lado, a própria *ideia de tutela*, que de imediato reenvia para uma instância superior (uma instância de controlo) e, por aí, para um quadro de soberania — o poder de autodeterminação da autarquia não destrói que só a comunidade estatal seja soberana; do outro, a explicitação de que essa tutela se traduz na verificação do *cumprimento da lei*, devendo, aliás,ser exercida tão-só nos estritos casos e formas legalmente previstos — o que parece compaginar-se com a autonomia de orientação político-administrativa, no âmbito delimitado pelas normas do Estado;

13.º — A revisão da lei fundamental constitucionalizou a figura das «associações públicas», o que talvez represente, em si e no seu pormenor, algum excesso, ligado porventura a uma certa lógica de pan-constitucionalização: nada mais traduzirá, afinal, que a redundante legitimação formal de algo que já só por si se imporia no quadro de uma compreensão (e de uma estrutura) plural de Estado;

14.º — Não é possível uma transposição automática para o campo da função pública — que joga fundamentalmente com a contraposição entre *administração central* e *administração local* — dos conceitos com que opera o comum direito administrativo, assim se evidenciando a necessidade de ajustamentos e adaptações;

15.º — Pelo modo como se encontra regulada, a carreira técnica superior constitui-se como uma «entidade» lógico-categorialmente idêntica no campo da administração do Estado e no campo da administração local;

16.º — A unidade lógico-categorial postula uma uniformidade de tratamento no que concerne à valoração do «tempo autárquico», isto é, do tempo de serviço prestado no âmbito da administração local autárquica;

17.º — A revisão da lei fundamental veio explicitamente introduzir no nosso ordenamento um *princípio de equiparação* entre os servidores da administração do Estado e os servidores da administração local, a estes últimos se aplicando, por norma, o regime fixado para aqueles;

18.º — O que, articulado com o próprio «lugar» que a administração autárquica ocupa no todo da administração pública, nos permitirá dizer que a ambos os grupos de servidores corresponde um igual estatuto jurídico-constitucional;

19.º — Representando aquele princípio a explicitação de uma certa intencionalidade, a interpretação das normas anteriores haverá agora que pautar-se, por força do princípio da unidade valorativa, pelo novo referente de sentido incorporado na ordem jurídica global;

20.º — Deverá assim ser tida como inconstitucional a decisão de recusar validade ao «tempo autárquico», no contexto dos pressupostos de progressão na carreira;

21.º — O que vem a ser reforçado pela específica consideração do princípio da igualdade, no quadro do critério de uma igualdade-desigualdade exigida pela justiça material;

22.º — Superado o sentido que o jusnaturalismo do iluminismo moderno atribuiu ao princípio, com a redução da igualdade à legalidade e sua exclusiva actuação ao nível da aplicação da lei, já não é tão pacífico o encerramento do problema nos puros quadros da proibição do arbítrio, ele também já material, mas funcionando ainda como mera determinante externa-negativa da liberdade de conformação ou de decisão;

23.º — A igualdade material, se não quisermos ficar na «exterioridade» de um puro limite negativo, terá de reconduzir-se, em derradeira análise, à intenção de justiça;

24.º — A significar que o núcleo intencional do princípio se situa não ao nível do legislador — mesmo do legislador da «justificação racional» ou do «fundamento material suficiente» —, mas ao nível do próprio direito: também a este, ao seu autónomo critério, está o legislador submetido;

25.º — É certo que, posta assim a questão, ela nos remete, em última análise, para a representação da «consciência jurídica comunitária», com toda a margem de indeterminação que aí consabidamente se joga. Mas não vai nisso razão suficiente para abandonarmos o critério, o mesmo é dizer, para não matriciarmos o problema na sua verdadeira sede;

26.º — Enquanto exigência de tratamento igual do igual, postulada pelos próprios fins objectivos do direito, o princípio da igualdade constitui-se como *critério de interpretação*, com o que se vai obrigar o intérprete a evitar contradições valorativas (*Wertungswidersprüche*): que análogos pressupostos de facto venham a ser objecto de valoração diversa;

27.º — Ainda no plano infra-constitucional, a permuta entre funcionários autárquicos e funcionários da administração estadual, expressamente admitida pelo legislador, constitui-se como uma figura de *valor sintomático*: revela ela a latência, no nosso actual direito da função pública, de um certo implícito-explícito — o da identidade ou homogeneidade das carreiras da administração do Estado e da administração local.

STAATLICHE VERWALTUNG, ÖRTLICHE VERWALTUNG UND DER GLEICHHEITSSATZ BEIM STATUT DES ÖFFENTLICHEN ANGESTELLTEN

Zusammenfassung

Indem er von einem konkreten Fall ausgeht, versucht der Autor im wesentlichen darzulegen, dass die Angestellten der staatlichen und der örtlichen Verwaltung verfassungsrechtlich dieselbe Stellung besitzen. Hierzu werden verschiedene Gründe angeführt.

Als erstes zeigt der A. die organisatorische Struktur der Verwaltung auf, wobei er eine grundlegende Unterscheidung zwischen *staatlicher* und *autonomer** Verwaltung vornimmt. Die staatliche Verwaltung wird von der organisatorischen Gesamtheit gebildet, die auf die Verwirklichung allgemeiner öffentlicher Interessen abzielt, d.h., von der juristischen Person «Staat» und von den mit eigener Rechtsfähigkeit ausgestatteten «öffentlichen Anstalten». Die autonome Verwaltung besteht aus den örtlichen Gebietskörperschaften und aus öffentlichrechtlichen Vereinigungen. Bei der Erläuterung des Sinnes der gegenwärtigen gestaltenden Verwaltung wird auf die Überwindung des Dualismus Staat-Gesellschaft und auf die soziale Umgestaltung der Struktur der *Öffentlichkeit* hingewiesen.

---

* Wegen nicht *völliger* Vergleichbarkeit wurde anstelle des Begriffs «Selbstverwaltung» die Übersetzung «autonome Verwaltung» gewählt.

Danach analysiert der A. den Sinn der Gegenüberstellung von staatlicher und örtlicher Verwaltung. Im pluralistischen Staat unserer Zeit bringt die «Autonomie» der örtlichen Gebietskörperschaften die Befugnis zum Ausdruck, ihre eigene verwaltungs-politische Ausrichtung festzulegen. Diese Ausrichtung wird nicht von Staat abgeleitet, sondern von der örtlichen Gemeinschaft bestimmt, d.h., das den örtlichen Gebietskörperschaften zugrundeliegende Organ ist das Volk als Wahlvolk. Aber diese Autonomie bleibt in die Gesamtheit der staatlichen Gemeinschaft eingebunden, denn nur diese ist souverän. Deshalb ist die «örtliche Autonomie» nur im Rahmen der Einheit des Staates, der als politische Dimension der Gesellschaft angesehen wird, zu verstehen.

Diese Ansicht scheint mit den Daten der portugiesischen Verfassung in Einklang zu stehen. Die örtlichen Gebietskörperschaften unterliegen der Aufsicht der Regierung, welche auf die Überprüfung der Einhaltung der Gesetze beschränkt ist.

Mit der Revision der portugiesischen Verfassung (Verfassungsgesetz Nr. 1/82 vom 30. September) wurde das Prinzip der Gleichsetzung von Angestellten der staatlichen und der örtlichen Verwaltung eingeführt. Die Auslegung früherer Rechtsnormen muss jetzt diese neue Sinngebung beachten, und zwar aufgrund des Prinzips der Werteinheit des Systems. Hinzukommt die Bedeutung, die die portugiesische Verfassung der örtlichen Verwaltung zumisst. Der A. ist deshalb der Auffassung, dass beide Gruppen von Angestellten dasselbe verfassungsrechtliche Statut besitzen.

Diese Auffassung wird durch die Beachtung des Gleichheitssatzes bekräftigt. Bei der Bestimmung des Sinngehalts dieses Satzes geht der A. über das Kriterium des Willkürverbots hinaus. Er spricht sich für das vom Gerechtigkeitsgedanken geforderte Kriterium von Gleichheit-Ungleichcit aus. Der intentionale Kern des Gleichheitssatzes liegt nicht auf der Ebene der Gesetzgebung, sondern der des Rechts selbst. Auch der Gesetzgeber unterliegt dem autonomen und spezifischen Kriterium des Rechts.

Abschliessend wird der Gleichheitssatz auch als Auslegungskriterium untersucht. Der Interpret ist gehalten, *Wertungswidersprüche* zu vermeiden. Vergleichbare Sachverhalte können nicht Gegenstand verschiedener Wertungen sein.

ADMINISTRATION DE L'ETAT, ADMINISTRATION LOCALE ET PRINCIPE DE L'ÉGALITÉ DANS LE CADRE DU STATUT DE FONCTIONNAIRE

Résumé

A partir d'un cas concret, nous nous proposons fondamentalement de démontrer que les fonctionnaires de l'administration de l'Etat et ceux de l'administration locale ont un statut juridico--constitutionnel semblable. A cet effet, nous examinous plusieurs points.

En premier lieu, nous analysons la structure organique de l'Administration Publique. Nous y faisons une distinction fondamentale entre administration de l'Etat et administration autonome. L'administration de l'Etat est formée du complexe organique destiné à la réalisation d'intérêts publics généraux: personne morale «Etat» et services publics dotés de la personnalité juridique («établissements publics»). L'administration autonome est formée des collectivités locales et des personnes morales de type corporatif («associations publiques»). Dans la détermination du sens de «l'administration constitutive» en vigueur de nos jours, nous mentionnons la disparition du dualisme Etat-société et la transformation de la structure de la «sphère public» (*Öffentlichkeit*).

Puis nous analysons le sens de l'opposition entre administration de l'Etat et administration locale. Dans l'Etat plural de notre époque, l'«autonomie» des collectivités locales se traduit par le pouvoir de déterminer leur propre orientation politico- -administrative. Cette orienttion n'émane pas de l'Etat mais de la propre communauté locale: l'organe fondamental des collectivités locales est le peuple en sa qualité de corps électoral. Toutefois cette autonomie ne manque pas de s'inscrire dans l'ensemble de la communauté de l'Etat. Or, seule celleci demeure souveraine. Aussi l'«autonomie locale» ne peut-elle se comprendre que dans le cadre de l'unité de l'Etat, considéré comme la dimension politique de la société.

Cette perspective semble être en accord avec les éléments contenus dans la Constitution portugaise. Les collectivités locales sont soumises à la «tutelle» du gouvernement; mais cette tutelle se traduit exclusivement par la vérification de l'application de la loi.

L'amendement de la Constitution portugaise (loi constitutionnelle n.º 1/82 du 30 septembre) a introduit un «principe d'égalité» entre les fonctionnaires de l'administration de l'Etat et ceux de l'administration locale. L'interpretation des normes juridiques antérieures doit à présent prendre en considération cette nouvelle référence de sens, du fait du principe de la cohérence axiologique du système. Si, en autre, nous considérons le sens et l'importance que la Constitution portugaise confère à l'administration locale, nous pouvons défendre le principe qu'un même statut juridico-constitutionnel doive être appliqué aux deux groupes de fonctionnaires.

Ceci se trouve renforcé par la considération du principe de l'égalité. Dans la détermination de ce principe, nous allons plus loin que le critère de l'interdiction de l'arbitraire. Nous optons pour le critère d'une égalité-inégalité dictée par l'idée de justice. Le centre intentionnel du principe de l'égalité ne se situe pas au niveau du législateur mais au niveau du propre droit: le législateur se trouve également soumis au critère autonome et spécifique du droit.

Nous analysons également le principe de l'égalité en tant que critère d'interprétation. L'interprète se trouve dans l'obligation d'éviter des contradictions axiologiques (*Wertungswiderspruche*): des présupposés de fait analogues ne peuvent faire l'objet d'une «appréciation» diverse.

CENTRAL AND LOCAL GOVERNMENT AND THE PRINCIPLE OF EQUALITY IN REGARD TO THE RIGHTS AND DUTIES OF THE CIVIL SERVICE

Summary

Starting with an actual court case, it is intended to fundamentally demonstrate that central government officers and local government officers posses equal judicio-constitutional rights and duties. Therefore, various points are examined.

Firstly, the organisational structure of the public sector administration is analysed. Here, a fundamental distinction is drawn between central government and local government. The former is composed of an organisational complex directed towards the achievement of the interests of the general public. The latter is composed of local authorities and public sector authorities of an associative type. In determining the meaning of the type of administration today, reference is made to the overcoming of state-society dualism and the social transformation of the structure of the public sector.

Following this the significance of the relations between central and local government is analysed. In the pluralist state of our times, the local government is transformed into a determining power of its own politico-administrative orientation. This orientation does not derive from the state but from the local community itself: the fundamental organ of the local authorities being the people as the electoral body. However, this local government is introduced into the mass of the national community. Thus, only that has sovereignty. Therefore, the local government is only understood in the context of the unity of the state, seen in the political dimension of society.

This perspective appears to be in agreement with Portuguese Constitution.

The recent alteration in the Portuguese Constitution (Constitucional Act n.º 1/82 of the 30th September) introduced a principle of equalisation between the central and local government officers. The interpretation of previous statute law should now take into account this alteration, due to the existence of the principle of the unity of the judicial system. On the other hand, the importance that the Portuguese Constitution now gives to local government should be stressed. From this context it is vindicated that both the groups of public officers have equal judicio-constitutional rights and duties.

This perspective is reinforced if we take into consideration the principle of equality. In determining the meaning of this principle, the criteria of equality-inequality demanded by the idea of justice is preferred.

The principle of equality is also analysed in terms of the criteria of interpretation. The interpreter is obliged to avoid contradiction of judgements values: an analogous situation can not be subject to diverse interpretations.

ÍNDICE

I. Introdução 3

II. Administração do Estado e administração local 7

    1. A Administração Pública em sentido organizatório 7

    2. Administração do Estado-administração autárquica: sentido da contraposição 19

    3. A Administração Pública no quadro constitucional 29

    4. Estrutura organizatória da Administração e conceitos operatórios no domínio do direito da função pública 40

III. A identidade lógico-legal da carreira técnica superior na administração do Estado e na administração local 46

    1. Articulação das normas relativas à administração central com as normas específicas da administração local 46

    2. Identidade no plano estrutural 50

    3. Identidade no plano funcional 52

IV. O problema à face da Constituição 56

    § 1.º — O «dado» constitucional de um princípio de equiparação 56

        1. A alteração do art. 244.º, introduzida pela revisão constitucional 56

        2. O conceito de «funcionário público» nos trabalhos da Comissão Eventual de Revisão Constitucional . . . 57

        3. Princípio da equiparação e coerência valorativa do sistema 60

    § 2.º — Princípio da igualdade 69

        1. Critério material da igualdade 69

        2. Princípio da igualdade e interpretação da lei 81

V. O problema no quadro de regulamentação da permuta 85

VI. Conclusão 88

Composto e impresso na Gráfica de Coimbra
Bairro de S. José, 2 — Coimbra
Setembro de 1985 — 2000 ex.
Depósito legal n.º 2896/83

Depositário:

Livraria Almedina — Arco de Almedina, 15 — coimbra